**Martha Alicia Chávez** es una reconocida psicóloga, con especialidades en Psicoterapia familiar sistémica, Programación neurolingüística, Hipnoterapia Ericksoniana y Terapia en alcoholismo y adicciones. Numerosos profesionales de la salud utilizan sus libros como base para su trabajo terapéutico y para impartir cursos y talleres. Sus obras son textos obligados en las bibliotecas de diversas universidades e instituciones educativas. El positivo impacto que genera proviene de una vasta experiencia profesional y de un honesto compromiso con su propio crecimiento interior. Es autora de los exitosos *Tu hijo, tu espejo, Todo pasa… y esto también pasará, Te voy a contar una historia, En honor a la verdad, Hijos tiranos o débiles dependientes, 90 respuestas a 90 preguntas, Mamá te quiero; papá te quiero, consejos para padres divorciados, Hijos invisibles, Hijos gordos, ¡Con golpes no!, Cómo una mujer se convierte en bruja y un hombre en bestia.*

# ¡CON GOLPES NO!

# ¡CON GOLPES NO!

Disciplina efectiva y amorosa
para criar hijos sanos

## MARTHA ALICIA CHÁVEZ

Grijalbo

El papel utilizado para la impresión de este libro ha sido fabricado a partir de madera procedente de bosques y plantaciones gestionadas con los más altos estándares ambientales, garantizando una explotación de los recursos sostenible con el medio ambiente y beneficiosa para las personas.

**¡Con golpes no!**
*Disciplina efectiva y amorosa para criar hijos sanos*

Primera edición: julio, 2015
Segunda edición: abril, 2025

D. R. © 2015, Martha Alicia Chávez Martínez

D. R. © 2025, derechos de edición mundiales en lengua castellana:
Penguin Random House Grupo Editorial, S. A. de C. V.
Blvd. Miguel de Cervantes Saavedra núm. 301, 1er piso,
colonia Granada, alcaldía Miguel Hidalgo, C. P. 11520,
Ciudad de México

penguinlibros.com

Penguin Random House Grupo Editorial apoya la protección del *copyright*.
El *copyright* estimula la creatividad, defiende la diversidad en el ámbito de las ideas y el conocimiento, promueve la libre expresión y favorece una cultura viva. Gracias por comprar una edición autorizada de este libro y por respetar las leyes del Derecho de Autor y *copyright*. Al hacerlo está respaldando a los autores y permitiendo que PRHGE continúe publicando libros para todos los lectores.

Queda prohibido bajo las sanciones establecidas por las leyes escanear, reproducir total o parcialmente esta obra por cualquier medio o procedimiento, incluyendo utilizarla para efectos de entrenar inteligencia artificial generativa o de otro tipo, así como la distribución de ejemplares mediante alquiler o préstamo público sin previa autorización.
Si necesita fotocopiar o escanear algún fragmento de esta obra diríjase a CeMPro
(Centro Mexicano de Protección y Fomento de los Derechos de Autor, https://cempro.org.mx).

ISBN: 978-607-385-778-9

Impreso en México – *Printed in Mexico*

*Para mis amados padres Pedro y Margarita.*
*¡Gracias por criarme sin golpes!*


*Para Sol, Priscila, Eiry, Alex, Luis y César.*
*Con mi amor y gratitud*
*por ofrecerme sus historias para enriquecer este libro*

# Índice

*Introducción* . . . . . . . . . . . . . . . . . . . . . . . . . . . . . . . . . . . . 13

**1.** ¿POR QUÉ CON GOLPES NO? . . . . . . . . . . . . . . . . . . . . . . . 17
¿Y una nalgada de vez en cuando? . . . . . . . . . . . . . . . 18
Mecanismos de sobrevivencia de los niños golpeados . . . 23
Consecuencias del maltrato infantil . . . . . . . . . . . . . . 27

**2.** HISTORIAS DE NIÑOS GOLPEADOS . . . . . . . . . . . . . . . . . . . . 31
La historia de Sol García . . . . . . . . . . . . . . . . . . . . . . . 32

**3.** LOS GOLPES EN EL CONTEXTO DE LA ADICCIÓN . . . . . . . . . . . . . 37
La historia de Alejandro Catalán Alarcón . . . . . . . . . . . . 38
La historia de Luis . . . . . . . . . . . . . . . . . . . . . . . . . . . . . 42
La historia de Priscila Ruiz . . . . . . . . . . . . . . . . . . . . . 46

**4.** CUANDO EL GOLPEADO SE VUELVE GOLPEADOR . . . . . . . . . . . . . 53
El patrón se perpetúa . . . . . . . . . . . . . . . . . . . . . . . . . . 53
La historia de Eiry . . . . . . . . . . . . . . . . . . . . . . . . . . . . . 55
La historia de César . . . . . . . . . . . . . . . . . . . . . . . . . . . . 58
Radiografía del padre o la madre golpeadores . . . . . . . . 62

**5.** SANAR A TU NIÑO INTERIOR . . . . . . . . . . . . . . . . . . . . . . . . . 67
Sanar a tu niño interior que fue maltratado
y se ha convertido en madre o padre maltratador . . . 67

De la víctima a la responsabilidad . . . . . . . . . . . . . . . . . 74

Tu niño y tú . . . . . . . . . . . . . . . . . . . . . . . . . . . . . . . . . 77

EJERCICIO 1. El camino de encuentro . . . . . . . . . . . 77

EJERCICIO 2. Descongestión corporal. . . . . . . . . . . . 81

EJERCICIO 3. Abrazo reconciliador. . . . . . . . . . . . . . 84

EJERCICIO 4. Querido yo . . . . . . . . . . . . . . . . . . . . 85

**6.** ¿POR QUÉ SE GENERAN LOS CONFLICTOS ENTRE PADRES E HIJOS? . . . . 89

La percepción . . . . . . . . . . . . . . . . . . . . . . . . . . . . . . . 90

Las diferencias individuales . . . . . . . . . . . . . . . . . . . . . 92

Las fallas naturales en la comunicación . . . . . . . . . . . . 92

La necesidad de tener razón . . . . . . . . . . . . . . . . . . . . . 95

La incapacidad de empatizar . . . . . . . . . . . . . . . . . . . . 96

Aspectos del medio ambiente que pueden generar

conflictos. . . . . . . . . . . . . . . . . . . . . . . . . . . . . . . . . 98

Enriquecimiento . . . . . . . . . . . . . . . . . . . . . . . . . . 99

Ampliación . . . . . . . . . . . . . . . . . . . . . . . . . . . . . . 99

Empobrecimiento . . . . . . . . . . . . . . . . . . . . . . . . . 99

Restricción. . . . . . . . . . . . . . . . . . . . . . . . . . . . . . . 100

Simplificación . . . . . . . . . . . . . . . . . . . . . . . . . . . . 100

Anticipación . . . . . . . . . . . . . . . . . . . . . . . . . . . . . 101

**7.** CON GOLPES NO... ¿ENTONCES CÓMO? . . . . . . . . . . . . . . . . . . 103

¿Autoridad y disciplina *versus* libertad? . . . . . . . . . . . . . 105

Las estrategias. Disciplina efectiva y amorosa para

criar hijos sanos. . . . . . . . . . . . . . . . . . . . . . . . . . . . 108

Consideraciones generales . . . . . . . . . . . . . . . . . . 108

Comprender la importancia del "reforzamiento" . . . . . . 110

Niños en edad preescolar: 2 a 5 años . . . . . . . . . . . . . . 111

Propuesta para el manejo del berrinche . . . . . . . . 112

*Time Out* . . . . . . . . . . . . . . . . . . . . . . . . . . . . . . . 115

*Time Out* en compañía . . . . . . . . . . . . . . . . . . . . 116

Restricción. . . . . . . . . . . . . . . . . . . . . . . . . . . . . . . 117

Ofrecerle opciones. . . . . . . . . . . . . . . . . . . . . . . . . 118

El "¡NO y punto!" . . . . . . . . . . . . . . . . . . . . . . . . . . 118

Sobre las clases ................................. 119

La disciplina para los niños de edad preescolar ........ 121

Niños en edad escolar: 6 a 10 años................. 123

La tecnología. Principales problemas que enfrentan
los padres hoy en día ......................... 124

El uso excesivo de los aparatos ............... 126

Dar a los hijos un teléfono celular a una edad
que no es la adecuada ................... 127

El riesgo de que niños y adolescentes tengan
acceso a contenido inadecuado para ellos
en internet........................... 127

La "enajenación" en relación con el uso
de los aparatos e internet................. 128

El riesgo de que niños y adolescentes no midan
el peligro potencial al proporcionar información
personal en redes sociales o sitios de internet.. 130

El riesgo de que sean víctimas o victimarios
de ciberacoso ......................... 130

Las conductas inaceptables....................... 132

Púberes y adolescentes: 11 a 18 años ............... 137

La negociación ganar-ganar ...................... 141

Los premios............................. 144

**8.** Los conflictos familiares y la comida ................. 147

Mi hijo no quiere comer......................... 148

*Recapitulando*.................................... 155

*Mensaje final* ................................... 157

*Apéndice*...................................... 159

# INTRODUCCIÓN

¿Por qué estoy tan interesada en que los padres críen sin golpes a sus hijos? ¿Tanto como para escribir este libro?

Porque mi amor por los niños que no pueden defenderse y mi compasión por su impotencia que los hace tan vulnerables, me ha "obligado" a convertirme en su "vocera", en la mensajera que por medio de los libros habla por ellos en voz alta: Mamá, papá... ¡basta ya!

Porque en mi práctica profesional como psicoterapeuta, en innumerables ocasiones he trabajado con los profundos daños en el corazón, en la autoestima y, por ende, en todos los aspectos de la vida de quienes fueron niños golpeados.

Porque golpear a un niño es un abuso, y en el abuso infantil todos sufren: los hijos y, sin duda, también los padres. Nada se gana y mucho se pierde.

Porque por cada niño que deje de ser golpeado tendremos muchas más probabilidades de verlo convertirse en un adulto bueno, sano y feliz.

¿No valdrá, pues, la pena encontrar otros caminos? ¿No valdrá el esfuerzo aprender otras formas de crianza que produzcan hijos sanos y felices y, con ello, padres sin culpa que duermen en paz?

En un viaje a Tailandia, un clarividente que jamás había visto, que no sabía nada de mí, ni siquiera mi nombre, me dijo que me veía rodeada de niños.

—¿Eres maestra? —preguntó.

Ante mi respuesta negativa mostró asombro. Guardó silencio unos momentos y continuó:

—Qué extraño, es que te veo rodeada de niños... ¡miles de niños!

—Me dedico a escribir libros —le informé y le conté un poco sobre los temas de éstos.

—¡Claro! Son los hijos de los padres que leen tus libros, a quienes de alguna forma los inspiran para hacer cambios saludables y, con ello, algo se transforma también en las vidas y los destinos de esos niños. ¡Por supuesto que eso es! —respondió con el júbilo que se siente cuando algo cobra sentido y se acomoda en su lugar.

"Vocera de los niños..." Esta decisión no autodecidida, esta asignación no autoasignada —pero sí absolutamente aceptada— provoca que se crucen en mi camino las personas y sus historias, que me indican los temas sobre los cuales he de hablar... o, mejor dicho, escribir.

Así presencié la escena de María: dando manotazos a su bebé de diez meses y a su niño de cuatro años. El bebé con las piernas rojas y el llanto a todo lo que daba; el de cuatro con los brazos cruzados y apretados, igual que su mandíbula y sus labios, conteniendo la rabia y el dolor que no quería dejar salir. Me acerqué a María para pedirle que dejara de golpearlos; cuando llegué a su lado ya se había detenido, y vi en sus ojos un lacerante dolor por lo que acababa de hacer, y una profunda incertidumbre. Y como saliendo del horizonte a la velocidad de la luz, se posó frente a mí la imagen de este libro: ¡CON GOLPES NO!, y con ella, la certeza de que debía escribirlo.

## Con golpes no... ¿Entonces cómo?

Con las diversas y bien probadas técnicas que te ofrezco en este libro podrás aplicar técnicas efectivas y acordes con los procesos naturales del aprendizaje y el cambio en la crianza de tus hijos desde edad preescolar hasta adolescentes. Con ellas podrás corregir sus conductas indeseables y ayudarles a forjar un carácter sano y fuerte que les servirá para el resto de su vida.

INTRODUCCIÓN

Escribir este libro es mi forma de pedir a los padres que no golpeen a sus hijos. Sin embargo, no pediría dejar de hacer algo, sin ofrecer a cambio una propuesta que lo sustituya. Dar y recibir... Recibir y dar... Por ello te ofrezco herramientas realmente eficaces para criarlos; sin tu culpa, sin su miedo, sin la rabia y el dolor que los calcina a ambos. Pero no sólo eso, sino que además te ofreceré algunas prácticas profundas, hermosas y sanadoras, para que puedas curar las heridas de tu propio niño interior enojado y dolido, que te llevan a que ahora golpees a tus hijos. ¿Qué te parece? ¿Hacemos el trato?

CAPÍTULO 1

# ¿POR QUÉ CON GOLPES NO?

¿Y por qué sí?

Los defensores de educar con golpes me responderían algo como:

"La mejor forma de corregir las malas conductas es con los golpes". O:

"A mí también me pegaban y salí bien". O quizá:

"Yo les pegué a mis hijos y son buenos muchachos".

Por increíble que parezca, y aun con los innumerables estudios que demuestran lo contrario, abundan quienes están convencidos de que los golpes deben formar parte de la crianza de un niño y que al pegarles, con frecuencia o de vez en cuando, no pasa nada.

Siendo honestos, no necesitamos estudios ni investigaciones que nos demuestren que eso de que "no pasa nada" no es verdad. Basta con hablar con los niños respecto a qué sienten cuando se les golpea (aunque sea de vez en cuando); basta con escuchar lo que tienen que decir los adultos que fueron niños golpeados.

La premisa de que no hay consecuencias está por verse. Si analizamos honestamente, advertiremos que sí las hay. Un amigo me contó que cuando era niño su mamá le pegaba como método para corregir sus "malas conductas". "Y mira... —me dijo— yo creo que no hubo ninguna consecuencia en mi vida. ¿O tú qué opinas?"

Cuando me piden mi opinión, ¡la doy! Y a mi amigo le hice ver cómo desarrolló un miedo a desobedecer a las mujeres, o, dicho en otro sentido, una tendencia a obedecerlas. Por ejemplo, cuando era muy joven —dieciocho o diecinueve años—, su novia le dijo que se casaran. Él no estaba tan enamorado ni deseaba casarse todavía, pero cedió a la "orden" de la chica y contrajo matrimonio, el cual terminó en menos de un año cuando ella decidió que se divorciaran. A sus treinta y tantos, cierta amiga con la que empezaba a salir le dijo que ya se quería casar y él era el hombre con el que le gustaría hacerlo. De nuevo él obedeció y dijo que sí, aun cuando no estaba seguro de quererse casar con ella. En un viaje que hicieron antes de la boda, su novia cambió de opinión y le dijo que mejor no. Él aceptó y hasta se sintió liberado. Pero al siguiente día la mujer dijo que mejor sí y, ¡claro!, él obedeció y se casaron.

Unos quince años después, cuando todavía estaba casado, una chica que no le parecía nada atractiva le dijo que quería tener un hijo con él. Aun siendo consciente de la trascendencia de tal petición, él "obedeció", lo cual le ha causado muchos problemas. Y así sigue la lista...

Cuando le hice ver estas cosas, mi amigo se sorprendió porque no se había dado cuenta de ese patrón. Aprendió a obedecer sin respingar a su mamá por miedo, y lo generalizó en las demás mujeres de su vida.

## ¿Y una nalgada de vez en cuando?

¡Cuántas veces he escuchado este cuestionamiento! ¡Cuántas veces me ha sido expresado con la esperanza de que de mi boca salga un: "Sí... una nalgada de vez en cuando está bien". Para desilusión de quienes así lo esperan, NUNCA saldrá de mi boca semejante aberración.

Permíteme llevarte a esta situación: Imagina que estoy a tu lado... Tú haces algo que no me gusta, o simplemente estoy de mal humor y te meto una cachetada, nalgada, coscorrón o pellizco. Sin lugar a dudas sentirás ira, confusión, indignación y muchas ganas de devolvérmela. Tal vez lo harías; quizá voltearías de inmediato y me golpearías de alguna manera para quedar a mano, o por lo menos me reclamarías o me insultarías.

Lo mismo que tú sentirías en una situación como ésta es lo que un niño experimenta cuando le propinas la famosa "nalgada correctora" que tantos defienden. Pero la criatura se tiene que aguantar. Tiene que contener su rabia, su dolor y sus ganas de devolvértela, porque eso no se vale, y porque si se atreve a hacerlo le irá peor. Entonces, movido por una abrumadora impotencia, se reprime y contiene toda esa energía, esos sentimientos que le provoca lo que le has hecho, y que irán minando su salud mental, emocional y, por consiguiente, física. A veces ni siquiera le permites llorar ante la "inocente nalgada correctora", lo cual le ayudaría a desahogar un poquito su dolor y su ira. Si lo hace, le exiges: "¡Cállate!" o "¡Te voy a dar motivos para que llores de a de veras!" Y estupideces como ésas que normalmente acompañan a la así llamada "inofensiva nalgada (coscorrón, pellizco, cachetada) de vez en cuando".

¿Por qué supones que tienes derecho a pegarle a un niño? ¿A un ser que es y siempre será menor que tú, y por lo tanto más débil y más vulnerable? ¿Porque eres su padre o su madre? Muchos suponen que la maternidad o la paternidad les da todos los derechos habidos y por haber sobre sus hijos, incluido el derecho a golpearlos.

Pegarle a un niño, en cualquier forma, frecuencia o circunstancia, SIEMPRE es un abuso. Éste se define como el uso de la fuerza y el poder sobre otro que es más vulnerable e indefenso. Y con respecto a tus niños, tú siempre tienes más de ambos: fuerza y poder. Por un minuto —pero sólo por un minuto— compraré la idea de que darles un golpe "de vez en cuando" no tiene efectos negativos y no pasa nada. Pues bien, aun cuando así fuera, ¿por qué pegarles? ¿Por qué golpear a un adulto se considera inaceptable, pero pegarle a un niño sí se vale?

Los niños no están en este mundo para que los golpeemos, sino para que, con amor y paciencia —y a veces con mucha impaciencia y agobio—, los ayudemos a crecer, a aprender, a volverse maduros e independientes algún día.

He escuchado de los defensores de las nalgadas "de vez en cuando" toda clase de argumentos absurdos para justificar su postura. Pero hace unos días, durante una reunión, oí la más insensata de las insensateces. Alguien me preguntó el título del libro sobre el cual estoy trabajando, y cuando respondí: ¡Con golpes no!, una mujer me dijo: "¡Ay, Martha!, le vas a quitar toda la diversión a la vida!" ¡Me quedé atónita! "¿Te parece divertido pegarle a un niño?", la cuestioné. "Bueno... no precisamente divertido, pero sí se desahoga una muy a gusto cuando ya la tienen harta".

¡Qué tal!... Y por más que este comentario me haya parecido horrendo (y más), esa mujer expresó una verdad innegable: cada vez que un padre o una madre golpea a su hijo, en la forma y la circunstancia que sea y por la razón que sea, lo hace movido por un impulso para desahogar sus frustraciones, su ira y sus dolores de la vida, y casi nunca (por no decir nunca) por un deseo de formarlo y ayudarlo a aprender algo. Ahí no hay una intención amorosa de corregir una conducta o un interés genuino por su sano desarrollo; lo que hay es un desahogo impulsivo de las propias frustraciones y una incapacidad de hacerse cargo de éstas. La indefensa criatura que está cerca se vuelve el blanco de semejantes desahogos. ¡Ésa es la pura verdad!

Existe un mecanismo de defensa llamado *desplazamiento*, que consiste en encontrar una salida sustitutiva para la agresión u otros sentimientos indeseables. En el caso que nos ocupa, el padre o la madre desplaza dichos sentimientos, que no puede elaborar o que van dirigidos a otro, sobre la indefensa persona de su hij@.

Los niños son absolutamente dependientes de nosotros, sus padres, o de los adultos a cargo de ellos. Necesitan todo de nosotros: casa, comida, protección, amor, educación; porque ellos no pueden proporcionárselo a sí mismos. He escuchado a padres que reclaman a sus hijos toda clase de insensateces, como el hecho de que trabajan para mantenerlos, alimentarlos, etcétera, y cuánto se cansan por ello. Una chica me contó que mientras estudia en la universidad vive en una casa de asistencia. La dueña de la casa despierta todos los días a su hijo de cinco años gritándole y reclamándole que tiene que trabajar todos los días para que él coma, que esa es "su" casa y

## ¿POR QUÉ CON GOLPES NO?

que dé gracias a Dios de que él puede vivir en ella. ¡Como si a los cinco años uno fuera capaz de comprarse una casa! ¡Como si no fuera obligación de los padres alimentar a sus hijos y darles un techo para vivir! ¡Como si ellos no lo merecieran!

Es obvio que la rabia de esa madre está dirigida hacia alguien más. Probablemente hacia el padre del niño que no la apoya, o incluso hacia sí misma.

Quienes trabajamos con seres humanos vemos constantemente el daño que causa en un hijo el que sus padres lo críen con golpes, o lo hayan hecho en su infancia. Afirmar que no les afecta y que no pasa nada es la peor de las necesidades y la más grande de las cegueras.

Veamos el porqué...

Por una parte, cuando los padres golpean a su hij@, lo culpan por su propia inestabilidad emocional y por su incapacidad para educarlo de forma sana y amorosa, diciéndole toda clase de cosas que dan a entender que él o ella se lo buscó. Un niño JAMÁS es culpable de que le peguen. Los niños son las víctimas y nunca se les deberá culpar del maltrato ni del abuso. Aun cuando haya tenido una conducta totalmente inaceptable, nada justifica los golpes; no es con ellos que hay que corregirla. De igual forma, con frecuencia se culpa al niño por los golpes a sus hermanos o por los pleitos entre la pareja. Muchísimas veces he escuchado a personas que le dicen a su niño algo como: "Ya ves, ¡por tu culpa nos peleamos mamá y yo!" O: "¡Por tu culpa le pegué a tu hermano!", cuando la verdad es que las razones de esas conductas paternas no tienen nada que ver con el niño al que se le imputan, sino con la incapacidad del padre o la madre de hacerlo de otra forma, o con rancios problemas entre la pareja y su incompetencia para resolverlos.

Esto genera enormes sentimientos de culpa en la criatura que no es capaz de discernir, sino que, por el contrario, cree al pie de la letra en lo que dicen sus padres. Sentimientos de culpa, de inadecuación, de vergüenza, y un negativo autoconcepto lo acompañarán el resto de su vida. A menos que en un momento dado reciba ayuda profesional o por algún camino trabaje para sanarlos.

Un factor que hace que golpear a un niño (aunque sea de vez en cuando) se vuelva aún más dañino para su salud emocional, es el hecho de que para la criatura sus padres lo son TODO: quienes le dieron la vida, quienes se supone deben cuidarlo y protegerlo; pero en lugar de eso, son capaces de infligirle el dolor físico y emocional que viene con los golpes. Más intenso aún se vuelve este dolor, porque los golpes siempre vienen acompañados de insultos, humillaciones y horrendas ofensas verbales; tan horribles, que a veces cuesta trabajo concebir que se puedan expresar esas cosas a un ser humano; más aun, a un niño. Peor todavía, a un hijo.

Las ofensas verbales no necesariamente se acompañan de golpes, pero los golpes sí se acompañan de ofensas verbales: "Eres una basura, un estorbo, maldita la hora en que naciste, eres lo peor que me ha pasado", etcétera, formarán el autoconcepto del niño (lo que piensa de sí mismo), ya que, como mencioné, lo que los padres dicen es la verdad absoluta para los niños, quienes no han desarrollado la capacidad de discernir. Es necesario que otras figuras de autoridad, como los abuelos, un maestro o un tío, cambien esas "verdades" diciéndole al niño qué bueno es en tal cosa, retroalimentándolo, hablándole con palabras amorosas, mostrándole facetas de sí mismo que cambien ese horrendo autoconcepto, generado por las humillaciones verbales y el maltrato físico.

La gran mayoría de los padres que golpean y humillan a sus hijos, (aunque algunos no), experimentan una gran culpa después de hacerlo, y, con ella, vienen las nada recomendables compensaciones: darles, comprarles, concederles, tolerarles... hasta el próximo golpe, seguido una vez más por la culpa y las compensaciones, en un patológico círculo vicioso que parece no tener fin. Otro factor que es fuente de gran confusión para el niño agredido es el hecho de que con frecuencia los padres expresan insensateces como éstas antes, durante o después de los golpes: "Porque te quiero te pego", o "Lo hago por tu bien". No nos extrañe que luego, como adultos, confundan el amor con la agresión y el abuso en sus relaciones.

¡Qué tremenda confusión y desilusión para un niño! Tener miedo —o pánico— de quienes le dieron la vida, por saber que son

¿POR QUÉ CON GOLPES NO?

capaces de hacerlo sufrir! Esos padres, que son grandes para proteger y abrazar, son percibidos por el niño golpeado como furiosos y terroríficos gigantes empuñando un cinturón, o extendiendo una enorme mano a punto de golpear. ¡Qué imagen maternal o paterna para recordar!

## Mecanismos de sobrevivencia de los niños golpeados

Para poder soportar la hostilidad y el desamor del ambiente en el que viven, así como el temor, el dolor físico y emocional que los golpes les causan, los niños desarrollan ciertos mecanismos de defensa para sobreponerse y poder seguir adelante con su vida. Por ejemplo: reír en lugar de llorar; retar al padre o a la madre diciéndole: "No me dolió, pégame más fuerte"; reprimir las lágrimas y cualquier expresión de dolor, pretendiendo que no le importa, y un sinfín de variantes de estas reacciones. Lamentablemente, éstas provocan mayor ira en los padres, la cual descargarán sobre la indefensa criatura.

Como mencionamos con anterioridad, al niño no se le permite devolver el golpe o insultar al padre o a la madre; está obligado a reprimir su rabia, su frustración y su dolor. Todos los sentimientos reprimidos buscarán salidas sustitutas (patológicas) para manifestarse. En el caso que nos ocupa, es muy probable que los niños "se desquiten" de otras formas que sí puedan hacerlo; por ejemplo, sacar bajas calificaciones, o hacer cualquier otra cosa que moleste a los padres.

En cierta familia, cuando los niños hacían algo inadecuado, el padre les daba a elegir con qué querían que los golpeara: el cinturón, el lazo, el zapato o la mano. Uno de ellos siempre elegía la mano, no porque el golpe fuera menos duro con ella, sino para que a papá también le doliera; y más le dolería, mientras más fuerte golpeara. Esa es una de las muchas formas en que un niño puede desquitarse del dolor que su progenitor le inflige.

Cuando los golpes son parte de la vida cotidiana de un niño, es posible que llegue a creer que eso es lo normal, y sólo es hasta que crecen y ven en retrospectiva como producto de un proceso terapéutico o del simple hecho de desarrollarse y madurar, que se dan cuenta de la realidad del asunto, y de que el trato que recibieron no fue otra cosa más que ABUSO.

Los niños golpeados sienten un gran odio hacia sus padres; si no todo el tiempo, si en los momentos en que se están suscitando los golpes. El odio se da porque es normal sentirlo cuando se les lastima, pero además sirve para enmascarar el profundo dolor y el miedo, ya que si entraran en contacto con ellos, quedarían devastados.

¿Tú crees que los golpes (incluyendo los "de vez en cuando") son formativos? La verdad es que no lo son. Aunque parece que modifican las conductas indeseables, ese aparente "cambio" se da sólo como una reacción al miedo a ser golpeado, "si lo vuelve a hacer". Pero cuando los padres no estén presentes para pegarle, la conducta se presentará de nuevo, porque no se ha pasado por un proceso de aprendizaje y motivación que lleve a un cambio real y permanente de dicha conducta. Es cierto que en algunos casos el haber sido golpeado de manera constante o una sola vez de forma traumática ante cierto comportamiento, puede erradicarse definitivamente, porque el sistema neurológico del niño aprende a asociar dicha conducta con la consecuencia dolorosa que le trae. Aun así, eso no es formativo. Educar a un niño significa ayudarlo a que desarrolle un sistema de valores y de ética personal, que le ayuden a elegir entre hacer o no hacer, por propia convicción, y no por el golpe que seguirá si hace o no hace. Un ser humano con una buena crianza, maduro, responsable y sano, es el que elige entre las alternativas que tiene, la más sana, la que respeta a sí mismo y a los demás, por pura convicción, no por el castigo (cualquiera que sea), que le traerá hacer lo contrario.

Una madre, que es defensora de los golpes como método de crianza, me dijo que ella le pega a su niña y que ve cómo las amigas de su hija tienen ciertos malos comportamientos o no obedecen a sus madres, pero su hija no hace eso. "Entonces, ¡los golpes sí funcionan!", me dijo en son de triunfo. Claro que funcionan para que no haga esas cosas o para que te obedezca, porque te tiene miedo; porque le da terror lo que le espera si te falla. Eso, insisto, no es educar, ni formar, ni criar a un hijo sano. Y me pregunto si "terror" es lo que un padre o una madre quieren despertar en sus hijos y si ésa es la forma en que anhelan ser recordados. Créeme, miedo no significa respeto. Y tenerle miedo a alguien siempre viene acompañado de rencor hacia ese alguien; son inseparables. Cuando tenemos miedo de quien es capaz de infligirnos dolor, también le tenemos rencor o, incluso, odio.

Quizá te preguntes: "Bueno, pues si funciona, ¿cuál es el problema?" Te recuerdo que no es formativo y que cuando "funciona" es como consecuencia del miedo, no de un proceso sano de aprendizaje y maduración. Y sea como sea, ¿por qué rayos suponemos que tenemos el derecho de golpear a un niño? ¿Por qué elegir ese camino, cuando hay otros más efectivos, movidos por el amor, y que evitan las culpas de los padres, los traumas de los hijos y el sufrimiento de todos los involucrados?

Releo lo que he escrito hasta ahora en este capítulo... me percibo intentando afanosamente "convencerte" a ti, mi querido lector, de que ¡con golpes no! Tal vez te preguntes el porqué. Te responderé contándote lo que hace unos días un periodista me cuestionó, cuando, ante su pregunta de qué estaba escribiendo, le hablé de este libro sobre el que ahora trabajo.

—¿Fue usted una niña golpeada? —me preguntó.

—No lo fui en absoluto; mis padres nunca me golpearon —le respondí.

—¿Entonces, que le lleva a hablar de este tema con tanta pasión?

—Simple y sencillamente... la impotencia y la vulnerabilidad de los niños que sí lo son y la rabia que me da el que se les maltrate.

Algunos dicen que criaron a sus hijos con golpes (aunque fuera "de vez en cuando") ¡y salieron bien! Yo, como muchas otras personas, no fuimos criados con golpes, ¡y salimos bien! Así las cosas, y suponiendo que los golpes no tuvieran ninguna repercusión en la vida de los niños, ¿por qué optar por este método de crianza cuando hay otros? ¿Por qué elegirlo si implica causar dolor y temor a un niño? Ésta es la cruda respuesta, que repito a riesgo de ser una molestia: cuando se le pega a un niño no se tiene la intención de educarlo, sólo se está desahogando la frustración, la rabia y los conflictos emocionales del padre que golpea.

Veamos a continuación —con mente abierta— lo que numerosos estudios* muestran respecto de las consecuencias de ser criado con golpes, y por nuestra propia cuenta, con toda la honestidad de que seamos capaces, analicemos en nuestra vida o en la de quienes tenemos cerca y fueron niños golpeados, que sí hay secuelas.

Algunos expertos establecen una diferencia entre el término "abuso" y "maltrato", definiendo que el primero tiene una implicación sexual. En este libro usaré ambos términos dándoles el mismo significado, adhiriéndome de esta forma a las corrientes que no hacen una diferencia entre uno y otro. Elijo esto porque no puedo concebir que el maltrato no sea abuso y que éste no implique un maltrato del tipo que sea.

Existen diversos tipos de maltrato:

- Sexual
- Abandono o negligencia
- Emocional/psicológico
- Mendicidad
- Corrupción
- Físico leve
- Físico grave

El maltrato, en todas sus formas, impacta en el desarrollo infantil. Muchos niños son víctimas de más de un tipo de maltrato. Es el físico sobre el que abundaré en este libro y también —porque son inseparables— sobre el emocional/psicológico. El maltrato emocional

---

* Investigaciones realizadas por la Organización Mundial de la Salud (OMS), la UNICEF y otras personas e instituciones privadas y públicas.

¿POR QUÉ CON GOLPES NO?

(aterrorizar, humillar, amenazar, ignorar, insultar) es visto como una variante del maltrato físico, pero sin el componente del golpe

Existen diversas formas de definir el abuso o el maltrato infantil, pero todas y cada una refieren el uso de la fuerza y el poder sobre alguien que es más vulnerable y menor de dieciocho años. El Diccionario de Términos Médicos de la Real Academia Nacional de Medicina, lo define así: "Acción u omisión intencionada, llevada a cabo por una persona o grupo de personas, la familia o la sociedad, que afecta de manera negativa a la salud física o mental de un niño".

Todas las formas de maltrato tienen influencia en la infancia, la juventud y la edad adulta de todo niño que ha sido víctima de éste. Algunos logran superar en gran medida los efectos negativos, y se desarrollan como personas con un buen grado de autoestima y salud psicológica, aunque normalmente esto sucede sólo cuando en la vida del niño existe aunque sea un adulto que lo ama y se preocupa por él. También el hecho de recibir atención profesional o involucrarse en cualquier tipo de proceso de curación en alguna etapa de su vida, le ayudará a superar —aunque sea en alguna medida— las secuelas que el maltrato le dejó.

## Consecuencias del maltrato infantil

De acuerdo con la Organización Mundial de la Salud, se calcula que cada año mueren por homicidio treinta y cuatro mil menores de quince años, víctimas de maltrato. Esta cifra subestima la verdadera magnitud del problema, dado que una importante proporción de las muertes debidas al maltrato infantil se atribuye erróneamente a caídas, quemaduras, ahogamientos "accidentales" y otras causas.

Todas y cada una de las organizaciones e instituciones dedicadas al estudio del tema que nos ocupa coinciden en el siguiente listado de secuelas provocadas por el abuso y el maltrato infantil, las cuales pueden durar toda la vida:

- Volverse promiscuos, en su intento inconsciente de encontrar intimidad y contacto físico amoroso, porque el que tuvieron fue agresivo o violento.
- Miedo y desconfianza hacia los demás, que será el sello que marcará todas sus relaciones.
- Dificultad para tener relaciones sanas y equilibradas y, en su lugar, establecer relaciones llenas de desconfianza, dependencia, sumisión y agresividad.
- Dificultad para comprender y expresar sus emociones.
- Retraimiento social y conductas de evitación.
- Depresión.
- Comportamiento agresivo.
- Ideas suicidas o intentos de suicidio.
- Autoagresión como producto del autodesprecio: lastimarse a sí mismos cortándose, quemándose o lesionándose de alguna forma.
- Desórdenes alimentarios: anorexia, bulimia, etcetera.
- Deseo de morirse.
- Dificultades en el aprendizaje como resultado de su dificultad para mantener la atención y de su desmotivación y apatía hacia los estudios.
- Regresiones: orinarse en la cama, tener conductas que corresponden a etapas anteriores de desarrollo.
- Trastornos del sueño: pesadillas, terrores nocturnos, insomnio o hipersomnia.
- Autodesprecio, sentimientos de insignificancia, inadecuación y minusvalía, y de sensación de no merecer ser amados.
- Cuando son adultos, miedo a tener hijos por la posibilidad de maltratarlos como lo hicieron con él.
- Cuando adultos, rechazo hacia los niños, como proyección. Si cuando niño lo maltrataban, en cada infante ve proyectado a ése que fue él, despreciable e indigno de amor.
- Cuando son adolescentes o adultos, hacer pareja con un abusador, en cualquiera de las tantas posibles formas de abuso físico, verbal, financiero, psicológico, etcétera.

## ¿POR QUÉ CON GOLPES NO?

- Autoestima y autoconcepto bajísimos, ya que cuando se es niño, los padres son el punto de referencia para construirlos. Si le hicieron sentir menos que una basura, se lo cree.
- El maltrato causa estrés y se asocia a trastornos del desarrollo cerebral temprano. Los casos extremos de estrés pueden alterar el desarrollo de los sistemas nervioso e inmunitario. En consecuencia, los adultos que han sufrido maltrato en la infancia corren mayor riesgo de sufrir problemas conductuales, físicos y mentales, como:
  - actos de violencia (como víctimas o como perpetradores)
  - depresión
  - consumo de tabaco
  - obesidad
  - comportamientos sexuales de alto riesgo
  - embarazos no deseados
  - consumo indebido de alcohol y drogas.*

A estas alturas te pregunto: ¿qué le ves de bueno al hecho de educar con golpes?

Una vez más leo lo que he escrito en este capítulo. Me embargan muchas emociones; entre ellas la indignación porque uno tenga que ofrecer toda clase de argumentos para convencer al lector de que no hay que golpear a los niños... ¡Increíble! Aun así, sé que muchos seguirán defendiendo la idea de educar con golpes o la ridiculez de que "de vez en cuando, no pasa nada".

No obstante, para las madres y los padres que tienen la voluntad y el deseo de hacerlo diferente, porque su corazón sufre cuando le pegan a sus niños, porque la culpa los calcina, porque quisieran conocer otra forma de educarlos, pero no la encuentran, ¡he aquí este libro cargado de propuestas!, de todo mi respeto y de mi eterna gratitud por su deseo de dejar de golpear a sus niños... incluso "de vez en cuando".

---

* Organización Mundial de la Salud (OMS), Nota descriptiva num. 150, enero de 2014.

**CAPÍTULO 2**

# HISTORIAS DE NIÑOS
# GOLPEADOS

Probablemente, al leer este capítulo, los defensores de los golpes como método de crianza lleguen a pensar que los casos que presento aquí son situaciones extremas de maltrato, que no reflejan en lo absoluto la circunstancia de un niño al que sólo se le pega "de vez en cuando". ¿Por qué elegí historias como éstas? Porque son mucho más frecuentes de lo que imaginamos, y porque nos muestran en "pantalla gigante" lo que tanto se nos dificulta (o no queremos) ver y entender. Como es en el macrocosmos es en el microcosmos. Los mismos sentimientos que experimentaron los niños de mis casos que a continuación presento, los viven los niños que son golpeados "de vez en cuando"; los de la "inofensiva nalgada correctora". Sí, los mismos sentimientos. ¡Igualitos!: miedo, rabia, frustración, impotencia y dolor físico y emocional. ¿Lo dudas? ¡Pregúntales! Aunque... quizá no te respondan porque, recuérdalo: te tienen miedo.

Una de las razones por las que me gusta tanto poner casos reales en mis libros es porque nos permiten comprender mejor los conceptos que estamos tratando. Pero hay otra razón, que nutre mi alma y me llena de satisfacción, y es el hecho de que es profundamente terapéutico para quienes me hacen el favor de ofrecerme sus historias y permitirme mostrarlas. Me lo confirman con toda clase de palabras hermosas y bendiciones por sentirse liberados, escuchados y con la oportunidad de un nuevo inicio.

Así lo han expresado Sol, Alex, Luis, Priscila, Eiry y César, cuyas historias te narro a continuación, y a quienes expreso mi profunda gratitud por permitirme hacerlo. La sucesión en que las presento se debe solamente al orden en que llegaron a mi vida.

## La historia de Sol García*

Desde el primer instante que la vi, me dio la impresión de que Sol —de cuarenta y siete años— emanaba una gran fortaleza y sensibilidad. Durante la entrevista que me hizo el favor de concederme, lloró de principio a fin al recodar los momentos dolorosos de su infancia. Al inicio estaba muy conmovida por la historia que estaba a punto de contarme, pero también por la gran emoción que le causaba tener la oportunidad de compartirla en este libro, y con ello la esperanza de que pudiera inspirar a otros padres a comprender lo que sufre una criatura golpeada.

> "Fui muy golpeada por mi madre. Nunca tuvo tiempo para platicar conmigo o llamarme la atención, sino que todo era con golpes. Nos dejaba hacer ciertas cosas a mis hermanos y a mí, para luego golpearnos por haberlas hecho", expresa.

En el fondo de sus ojos puedo ver que se asoma la niñita triste y asustada que un día fue. Papá la quería mucho; él no le pegaba y, por el contrario, la trataba muy bien. Asimismo los abuelos paternos y maternos.

La relación de Sol con su madre estaba llena de incongruencias: por un lado, en su cumpleaños mamá le hacía un pastel o, si iba de viaje, le traía un regalo; por otro lado, le pegaba todos los días, por cualquier cosa, incluso por situaciones de las que ella no tenía la culpa: si el hermano se caía, si la hermana lloraba, si no se vestía con la ropa que mamá quería, etcétera. Día tras día encontraba razones para regañarla y golpearla, por lo cual siempre la culpaba.

---

\* Se utiliza este nombre a petición de ella y con su autorización.

HISTORIAS DE NIÑOS GOLPEADOS

Invariablemente, los golpes iban acompañados de dolorosas ofensas y humillaciones verbales.

Debido que era a Sol a quien mamá más golpeaba y no a sus hermanos, ella se preguntaba constantemente el porqué, tratando de encontrarle un significado a lo que en realidad no lo tenía. La explicación que se daba a sí misma era que tal vez mamá no la quería porque debido a que se embarazó de ella tuvo que casarse.

Papá a veces la defendía insistiéndole a la madre que no le pegara y que mejor hablara con ella, pero esto molestaba mucho a mamá, quien afirmaba que al defender a la niña él le quitaba autoridad. Ante esta circunstancia, papá mejor se salía de casa para no ver. Sol recuerda cómo él se dejaba manipular por su madre, quien siempre lo contradecía y lo descalificaba. Cuando el momento era propicio, papá confrontaba a mamá preguntándole: "¿Por qué no la quieres?", pero nunca recibió una respuesta.

Los hermanos menores de Sol, muertos de miedo y de impotencia, corrían a esconderse en algún rincón cuando la madre comenzaba a golpearla, ya que si la defendían también a ellos les tocaría la golpiza. Su abuela materna, cuando estaba cerca, sí la protegía: "¡Déjala en paz, la vas a matar a golpes!", increpaba a la madre. A veces se llevaba a Sol a su casa por varios días, después de los cuales su padre iba por ella. Ante esto, el abuelo le insistía que no se la llevara porque a él lo mandaba su mujer y permitía que le pegara a la niña. Eventualmente, papá terminaba llevando a Sol consigo, de regreso a casa. "En estos regresos mamá se ensañaba aún más conmigo y me decía: ¡Ahora no están tus abuelos aquí para que te defiendan!", recuerda Sol.

Los "instrumentos" que la madre utilizaba para pegarle eran variados: el cinturón, una vara, el cable de la lavadora, o lo que encontrara. Y cuando no había nada a la vista, le daba bofetadas con la mano. Cuando la iba a golpear, mamá le advertía que se pusiera en posición porque si no lo hacía le caerían los golpes donde fuera. Sol se colocaba de manera que cayeran en los glúteos mientras se protegía otras partes del cuerpo. Después de la golpiza lloraba desconsolada como es de entenderse y si su abuela estaba presente le curaba las marcas inflamadas. Por dentro, Sol se hacía una y otra vez la pregunta que no tenía respuesta: "¿Por qué no me quiere? ¿Qué le hice para que no me quiera?"

Esta es una tormentosa pregunta que se hacen los niños golpeados. Llegan a convencerse de que ellos tienen la culpa, pero que más allá de sus actos debe haber algo malo en ellos que los hace inadecuados e indignos de ser amados, pero, eso sí, dignos de ser golpeados.

Con una mezcla de dolor y culpa, Sol me cuenta acerca de un día en que, en medio de la dolorosa golpiza le gritó: ¡Te odio mamá! "Sé que no estuvo bien, pero eso le dije", concluye. Y yo me pregunto: ¿cómo exigirle a un niño que es tratado como lo fue Sol, que ame a su madre? ¿Cómo esperar que un niño abusado (de cualquier forma) ame a quien le perpetra el abuso que tanto le hace sufrir?

Los niños tienen el derecho de estar furiosos con sus padres cuando éstos, en lugar de darles protección y amor, les generan dolor, abandono, abuso, miedo y sufrimiento. Aun así, en un momento dado, en algún punto del camino de su vida, es importante trabajar con el perdón, por su propio bien, para poder entender, encontrar el sentido, comprender el "para qué" y aceptar; y, con ello, encontrar la paz y la libertad interior. Como resultado de un trabajo como éste, el hijo puede ser capaz de honrar a sus padres. A veces éstos no se han ganado el derecho a ser amados, pero aun así es importantísimo poder "honrarlos". Honrar significa agradecerles por habernos dado la vida, porque la vida es sagrada. Más adelante voy a proponer algunas herramientas para ayudar a quienes fueron niños golpeados a lograr este objetivo.

Hay un evento de la infancia de Sol que generó una enorme herida en el ya de por sí lastimado corazón de la niña. Resulta que mamá siempre la comparaba con su prima y eso le daba mucho coraje. Un día, mientras los primos jugaban con resorteras, a Sol le cayó una pedrada; el tío, padre de la niña que lanzó la piedra, que era justamente la susodicha prima, le pegó a su hija por lo que hizo. "Mi mamá, lejos de revisarme el golpe o de curarme, me golpeó porque por mi culpa le pegaron a mi prima. Eso me dolió más que los golpes", relata Sol.

En las historias de niños maltratados encontramos con frecuencia este tipo de dinámicas, en las cuales se les compara constantemente con un hermano, con un primo, o con cualquier otro niño que "sí es bueno y maravilloso". Este hecho refuerza aún más el constante mensaje que el maltrato le da al niño: "Eres inadecuado; algo está mal en ti". Muchas veces en su infancia Sol sufrió intentos de abuso sexual de primos segundos paternos. Cuando le contaba a mamá, ésta la regañaba y le decía que ella tenía la culpa, que ella se lo buscaba.

Como a los nueve o diez años se encendió en el interior de Sol una determinación que la llevó a comenzar a defenderse: cuando mamá tomaba el instrumento en turno para pegarle, ella lo tomaba del otro extremo y se lo jaloneaba hasta conseguir quitárselo. A veces, tras este jaloneo entre ambas, la mamá salía lastimada, pero eso no detenía a la decidida niña, que simplemente ya había tenido suficiente.

Asimismo, esa determinación de poner un alto la transfirió hacia sus abusadores primos; comprendiendo que mamá no la defendería, entonces tendría que hacerlo ella misma. Un día de esos, Sol estaba en la cocina lavando los trastes y su primo de diecinueve entró con su miembro afuera; se acercó a la niña por la espalda e intentó subirle la falda. Ella se volteó furiosa y con rudeza intencional trató de subirle el cierre lo cual obviamente lastimó al sinvergüenza. Esa fue la última vez que la molestó.

Así transcurrieron once años en la vida de Sol. Fue entonces cuando la internaron en un colegio y ya casi no tuvo contacto con su familia. Al principio lo interpretó como que se querían deshacer de ella y lloraba mucho, pero poco después lo sintió como un alivio porque ya no estaría cerca de mamá para que la golpeara. Mientras estuvo en el internado sólo papá la visitaba cada mes; mamá nunca lo hizo.

Entrar a esta institución marcó definitivamente el fin de los golpes por parte de su madre. Ésa era la mejor parte, pero ahí también aprendió a cuidarse a sí misma y a valorarse, e hizo muy buenas amigas. Posteriormente se puso a trabajar y sin contar con el apoyo de nadie se inscribió en la carrera de enfermería que ella misma pagó con sus propios recursos y en la cual en la actualidad todavía trabaja.

Cuando adulta, se casó y tuvo una hija y un hijo. Lamentablemente, su esposo falleció hace algunos años. Sol aprendió la lección y fue capaz de romper el patrón y criar a sus hijos sin golpes. Algo que ayudó enormemente a que lo lograra fue el hecho de que tuvo a un padre que la quería y unos abuelos que la defendían, la protegían y hablaban por ella, dándole el mensaje de que no merecía ser tratada así, y de que sí valía la pena "echarse el pleito" por ella. También había una tía que la defendía. Todo esto de alguna forma neutralizó este mensaje que mamá le daba cada vez que la maltrataba: "No vales, mereces ser maltratada", etcétera.

La madre debería ser la fuente del amor, debe nutrir emocionalmente a sus hijos. En el caso de Sol, como en el de tantos niños maltratados, la madre no fue una fuente de amor sino de dolor, de sufrimiento y de odio.

Sol se convirtió en una muy buena mujer, independiente, trabajadora, de buen corazón, gracias al amor de su padre y de sus abuelos, que compensaron el desamor de la madre, y gracias también a su tremenda fuerza interior, que le permitió sobrevivir emocionalmente y sobreponerse a su amarga infancia.

Actualmente continúa trabajando en su profesión de enfermera, que le encanta, y disfruta día a día a sus hijos y a sus tres nietos. A veces ha intentado hablar con su madre respecto de la forma en que la trató durante su infancia. Ella niega que la haya golpeado, y que haya sucedido todo lo que ocurrió. Y lo sigue negando aun cuando Sol, sus hermanos o cualquier otro miembro de la familia se lo confirmen. La negación es un mecanismo de defensa que implica el no reconocer una realidad, porque hacerlo provocaría entrar en contacto con sentimientos intolerables. Sin duda alguna, la madre de Sol los tiene.

Como mencioné con anterioridad, en el hecho de maltratar a un niño todos pierden, todos sufren. Y la historia de Sol nos lo muestra bien claro.

**CAPÍTULO 3**

# LOS GOLPES EN EL CONTEXTO DE LA ADICCIÓN

Un factor —aunque no el único— que con notable frecuencia se encuentra en las familias donde hay maltrato hacia los niños, es la adicción: al alcohol, a las drogas, al juego, o a cualquier otra cosa. Las adicciones alteran significativamente el raciocinio, el buen juicio y el control de las emociones y los impulsos, lo cual es un factor que desencadena la agresión y el abuso.

De acuerdo con la Organización Mundial de la Salud, diversos estudios han confirmado que la ingesta nociva de alcohol, así como el consumo de drogas, están estrechamente relacionados con la violencia interpersonal y, particularmente, con el maltrato hacia los niños. Por una parte, porque provocan las alteraciones en el comportamiento descritas en el párrafo anterior y, por la otra, porque disminuyen el sentido de responsabilidad, el tiempo y el dinero que deberían estar disponibles para el niño, pero se destinan a la adquisición y el consumo de alcohol o drogas. Recordemos que la negligencia y el incumplimiento de las responsabilidades hacia los niños es una forma de maltrato infantil.

En este capítulo mostraré las historias de Alex, Luis y Priscila, en las cuales confirmamos la innegable influencia que el consumo nocivo y peligroso de alcohol por parte de sus padres, ejerció en sus historias de maltrato. La secuencia en la que las presento se debe sólo al orden en el que llegaron a mi vida.

# La historia de Alejandro Catalán Alarcón*

Alex (como le gusta que le llamen), con su amplia sonrisa y su actitud jovial y entusiasta, llegó corriendo a la entrevista. Después de contarme sobre el intenso trabajo interior que ha realizado con el fin de sanar, por medio de psicoterapia, cursos y libros, me explicó que permitir que su nombre real y completo aparezca en este libro es parte de su proceso de curación.

Alex tiene veintinueve años, es el mayor de una familia de seis en la que lamentablemente fallecieron cuatro hijos debido a problemas de salud. Ante estas trágicas pérdidas, a las que sólo sobrevivieron él y su hermana, Alex me expresa su dolor y cuánto le hubiera gustado tener a sus hermanos y haber crecido con ellos.

La familia de Alex vivía en condiciones de pobreza, razón por la cual su mamá tenía que lavar y planchar ropa ajena para ayudar con el gasto familiar, mientras que su padre trabajaba en la siembra de papa, frijol y maíz.

Alex no guarda recuerdo alguno de momentos amorosos entre sus padres, con excepción de una ocasión en que le regalaron un carrito y se abrazaron, cuando él tenía siete años. Tampoco tiene recuerdos de su padre diciéndole "te quiero", dándole un abrazo o cualquier otra muestra de cariño. El hombre padecía la enfermedad del alcoholismo, y una de sus manifestaciones era el abuso verbal y físico hacia la madre de Alex. Presenciar las peleas entre sus padres le generaba una enorme angustia, que trataba de mitigar metiéndose debajo de la cama, muerto de miedo y tapándose los oídos con las manos para no escuchar sus gritos.

La mayor parte del tiempo el padre de Alex estaba alcoholizado; lo vio más veces así que sobrio. Siempre que se embriagaba lo golpeaba, lo ofendía verbalmente y lo humillaba, por lo que con sólo verlo llegar a casa alcoholizado Alex sentía mucha angustia porque

---

\* Se utilizan su nombre y sus apellidos reales a petición suya y con su autorización.

LOS GOLPES EN EL CONTEXTO DE LA ADICCIÓN

sabía lo que le esperaba. A veces, cuando era maltratado, su mamá lo defendía, y esto provocaba que a ella también le tocaran los golpes. Es comprensible por qué Alex prefería estar lejos de papá que cerca de él. Al día siguiente, después de la violenta golpiza, su padre se mostraba amable y le decía cosas como: "¿Necesitas algo? ¿Quieres esto o lo otro?", tratando sin duda de mitigar la culpa por lo que le había hecho a su hijo el día anterior.

Cuando Alex tenía nueve años, sucedió un incidente que lo marcó para toda la vida. Su madre trabajaba en una casa donde había unos niños con los que él se llevaba muy bien. Cierto día mamá le indicó que al salir de la escuela llegara a dicha casa para que comiera (a veces hacía eso). Ahí se encontraba cuando su padre llegó alcoholizado y comenzó a insultar y golpear a mamá. A él le dio mucho coraje e intentó protegerla, pero el padre le dio una bofetada tan fuerte que lo lanzó por el aire hasta estrellarse contra un closet. A esas alturas mamá ya estaba harta y tomó la decisión de separarse; poco tiempo después, dio este paso. El padre de Alex le quitó la casa y se quedaron sin nada. La madre, que no contaba con el apoyo ni la asesoría de nadie, preocupada y angustiada por el bienestar de sus hijos, decidió llevarlos a vivir con la abuela paterna, quien era muy cariñosa con ellos. Mamá habló con los niños y les explicó que se iría a vivir a la ciudad en busca de una mejor fuente de trabajo; Alex lo entendió perfectamente.

Tanto Alex como su hermana estaban viviendo una etapa de paz, bajo el amparo de su amorosa abuela paterna y gracias a la lejanía de su violento padre, pero la pesadilla no había terminado aún. Un día, el hombre llegó y se instaló en casa de su madre... ¡De nuevo estaba al lado de sus hijos! Alex se sintió devastado. Tenía mucho miedo a su padre y otra vez tendría que soportarlo. Con sólo escucharlo llegar, sus piernas temblaban y sus manos se ponían heladas, signos inequívocos de angustia y terror.

El alcoholismo es una enfermedad progresiva. En el caso del padre de Alex, esa progresión se hacía notoria. Cuando llegaba embriagado en la madrugada despertaba al niño para que le hiciera de comer, y si se resistía él le mostraba una navaja y le decía que si no se levantaba de inmediato iría con su mamá y la mataría. Esa espeluznante escena se repetía con más frecuencia cada vez. Pero esto no era todo: los golpes, las humillaciones y los insultos seguían siendo parte de la vida cotidiana del atormentado niño. Fue en esa etapa de su vida que Alex decidió dejar de llamarle "padre".

Cierto día sucedió un incidente: la abuela preguntó qué había pasado con unas láminas que ella tenía almacenadas y que serían colocadas en el techo de su casa. Alex le dijo que su padre se las había llevado. Cuando la abuela le reclamó a su hijo por esto, él volteó a ver a Alex de una forma amenazadora. Más tarde, cuando la abuela salió de casa, el padre puso a remojar una gruesa cuerda en una cubeta llena de agua. Ya solos, tomó la empapada soga y comenzó a golpear al aterrorizado niño, a insultarlo y a humillarlo. Ésa fue una experiencia profundamente traumática para Alex, tanto que a partir de ese momento comenzó a odiar a su padre intensamente. Cuando me lo cuenta, la reacción de su cuerpo refleja la tremenda angustia de aquel momento.

Con su hermana las cosas eran completamente opuestas. Papá le daba regalos, la abrazaba, la mimaba, le decía palabras cariñosas, y lo hacía con mayor intensidad cuando estaba frente a Alex, restregándole en la cara la abismal diferencia que había entre la forma en que lo trataba a él y la forma en que trataba a su hermana.

Como todo niño golpeado, Alex se preguntaba qué había de malo en él como para que su padre lo tratara así. La madre le respondió que antes de que él naciera, papá tenía la convicción de que él no era su hijo, aunque sí lo era.

El maltrato del padre de Alex hacia su indefenso hijo no sólo se componía de bofetadas y cintarazos, o el uso de zapatos o de cualquier objeto que tuviera a la mano, sino que también ejercía sobre el niño un fuerte maltrato psicológico, atormentándolo con la navaja que blandía cerca de su cara, mientras amenazaba con matar a su madre si él no hacía lo correcto. "¡Acuérdate que tu madre está en mis manos!"

No es difícil imaginar el sufrimiento que el pequeño Alex vivía día con día. Llegó el momento en que su lastimado corazón, su

LOS GOLPES EN EL CONTEXTO DE LA ADICCIÓN

cuerpo, su psique, sus emociones y todo su ser no pudieron soportar más y colapsó. Así pues, a los once años decidió quitarse la vida, convencido de que era la única forma de liberarse de su abusivo padre.

Reunió todas las pastillas que encontró, se las tomó y se fue a dormir con la esperanza de ya no despertar, pero sí lo hizo. Aunque en aquel momento sintió una gran desilusión cuando se dio cuenta de que seguía vivo, ahora agradece que así haya sido.

Mientras cursaba la secundaria, decidió quitar por completo a su padre como figura paterna y le dio ese rol a su tío. Aun así, el maltrato seguía. Alex me cuenta un incidente que lo lastimó profundamente y que sucedió un día mientras caminaba de la escuela a casa con sus amigos. Parado en una esquina, bebiendo alcohol con otros hombres igual de embriagados que él, se encontraba su padre. Éste lo llamó: "¡Alejandro!", una y otra vez. Sus compañeros preguntaron quién era él, pero Alex no sabía qué contestar porque ya había dicho a todo el mundo que su papá era su tío. Ante las insistentes llamadas de su padre, se acercó a él con la cabeza agachada y lágrimas en los ojos. El padre lo insultó y lo abofeteó enfrente de sus compañeros y de la gente que pasaba. Los chicos lo miraron y, asustados, siguieron su camino. Alex sintió una vergüenza indescriptible, se soltó de la mano de papá y se fue corriendo hacia un puente que estaba sobre un caudaloso río enmarcado por enormes piedras, deseando lanzarse para ser devorado por la corriente y destrozado por las rocas. Cuando estaba a punto de hacerlo, un hombre mayor lo detuvo y le dijo: "¿Qué vas a hacer, muchacho?", y le dio un fuerte abrazo.

En eso llegó su papá hasta el puente y el hombre le dijo con voz firme: "Cuide bien a su hijo". A pesar de que el pueblo era pequeño y casi todos se conocían, Alex jamás había visto ni volvió a ver a ese hombre. ¿Le quieres llamar milagro, intervención divina o casualidad? Es tu elección. El caso es que Alex fue salvado por ese hombre que salió de la nada, justo en el momento en que el niño necesitaba sentir que a alguien le importaba, recibir un abrazo y ser rescatado, en el sentido más amplio de la palabra.

El maltrato siguió hasta que Alex tuvo dieciséis años. Fue entonces que habló con su abuela y le dijo que ya no soportaba más. La abuela le pidió a su hijo que se fuera y así lo hizo. Desde entonces, hace unos doce años, Alex no sabe nada de su padre.

Alex ha trabajado mucho para superar la difícil infancia que tuvo y se ha convertido en un joven con un corazón lleno de generosidad y amabilidad. Estudió la licenciatura en psicología y la ejerce con gran alegría y compromiso. Muchos dicen que quienes estudiamos esta carrera lo hacemos porque tenemos problemas psicológicos que queremos resolver. Y sin duda es así, pero, ¿quién no los tiene? La diferencia es que algunos poseemos la valentía para enfrentarlos, conocerlos, profundizar en ellos y resolverlos... Otros no la tienen.

## La historia de Luis*

Con mucho cariño y respeto, Luis me saludó con afecto. Con palabras casi poéticas afirmó su absoluta disponibilidad para hablarme de su historia. Sus hermosos ojos y su sonrisa con dentadura perfecta se transformaron cuando comenzó a hacerlo. Los primeros se nublaron, la segunda se ocultó.

Me tocaron "los peores padres del mundo", dice Luis, de cuarenta y cinco años; el mayor de cuatro hijos de una familia de clase media alta.

Su violento padre alcohólico golpeaba severamente a la madre de Luis y también a sus hermanos. La madre a veces los defendía, pero cuando lo hacía le iba muy mal. Ante la violencia del padre, que crecía día con día, Luis y sus hermanos desarrollaron una especie de estrategia para protegerse entre sí. Cuando papá comenzaba a golpear a uno, otro lo distraía para que se detuviera; pero esta estrategia no era del todo efectiva, puesto que luego le pegaba al distractor. Al buscar mejores formas para protegerse, desarrollaron una

---

\* Se usa su nombre de pila a petición de él y con su autorización.

serie de códigos y señales de advertencia para evitar las golpizas, los cuales a veces funcionaban, pero otras no.

El maltrato se daba cuando el padre estaba alcoholizado, "o sea casi a diario", enfatiza Luis, a quien con frecuencia le daba pena ir al colegio, debido a que el cuerpo le quedaba marcado.

Al día siguiente, después de una golpiza, todavía con signos de resaca y espantosos olores a alcohol rancio saliendo de su aliento, el padre les pedía perdón. Luis recuerda la repulsión que esas imágenes y esos olores le causaban, sin mencionar lo harto que llegó a sentirse de ese patológico círculo vicioso: golpiza, pedir perdón, golpiza, pedir perdón...

Durante los cada vez más frecuentes abusos, Luis sentía mucho miedo y dolor tanto físico como emocional, lo cual, con el paso del tiempo, se convirtió en enorme rabia y odio por la injusticia y la impotencia. Después de un tiempo "ya no sentía nada", dice Luis, quien de alguna manera desarrolló una forma de disociarse para poder soportar la pesadilla en la que vivía. A veces trataba de convencerse a sí mismo de que eventualmente su papá se cansaría y dejaría de pegarle, lo cual nunca sucedió.

Como todos los niños maltratados, Luis trataba de entender el porqué de esa conducta paterna y concluía que tal vez se debía al hecho de que él era muy parecido físicamente a su mamá.

Cuánto me enternece y conmueve el hecho de que las criaturas maltratadas, en su intento por entender el porqué de su situación, se aferran a cualquier respuesta que pueda llenar el espacio en blanco: que porque se parece a mamá, que porque creía que no era su hijo, que porque se tuvo que casar por quedar embarazada de él, etcétera. Cuando la pura verdad es que sus padres los maltratan porque tienen enormes problemas de tipo orgánico o emocional no resueltos de los que en realidad ellos, los niños, no tienen ninguna culpa. ¡Ay... si alguien se los dijera! ¡Si alguien pudiera explicarles esto! ¡Cuánto disminuiría su sufrimiento y su vergüenza!

Volvamos con Luis...

Cuando él tenía nueve años y su hermano menor sólo unos meses, su madre, acorralada y desesperada, los abandonó, repartiendo a cada uno de los cuatro niños en diferentes casas de familiares o vecinos. En poco tiempo, los buenos samaritanos se cansaron de asumir una responsabilidad que no les tocaba y llamaron al padre de Luis —quien se había vuelto a casar— pidiéndole que recogiera a sus hijos. Así, los niños volvieron a la pesadilla que significaba estar con su padre. Éste los obligó a quitar todo lo que tuviera que ver con su mamá y les dijo que ella estaba muerta. Luis y sus hermanos vivieron creyendo esto durante un par de años.

La nueva esposa no aprobaba la presencia de los niños e incitaba al padre para que los golpeara, riéndose mientras lo hacía y dándole constantes quejas de ellos que provocaban más golpes.

Cierto día, cuando Luis tenía once años, hubo un festival escolar durante el cual se organizó un baile en el que los niños tenían que hacer pareja para bailar con su mamá y las niñas con su papá. Luis informó en el colegio que él no tenía mamá, porque de ninguna manera quería bailar con la esposa de su padre. Esto provocó que al regresar a casa, aquél le diera una golpiza que quedó dolorosamente grabada en su memoria, en su corazón y en su cuerpo: cortó el cable de la televisión y con él lo golpeó hasta que se cansó, dejándole dolorosas marcas en las piernas y el corazón destrozado.

Un rato después, Luis escuchó una conversación entre su madrastra y su padre —ambos alcoholizados— que le provocó pánico en su más alto nivel. El padre decía que no soportaba más a Luis, a lo que la esposa respondió: "¿Y por qué no lo matas?" "¿Pero cómo?", dijo el padre. "Pues haz que se caiga del camión, que tenga un accidente o algo así", respondió la perversa mujer.

El pánico y el *shock* que escuchar esto provocó en Luis no tiene descripción. Desesperado, decidió esconder las botellas de alcohol que su padre guardaba en casa. Cuando éste llegó y preguntó por ellas, Luis le respondió que su esposa las había tirado. En cuanto ella regresó, el furioso padre le puso una violenta golpiza que hizo necesario llevarla al hospital. Mientras se encontraba allá, la mujer mandó llamar a la hermana menor de Luis, que entonces tenía nueve años, y le confesó que su mamá seguía viva; le anotó un número de teléfono donde podrían encontrarla, recomendándole que la buscaran y se fueran con ella cuanto antes para alejarse de ese animal. Luis llamó a dicho teléfono y en efecto era la casa de su mamá. Al poco tiempo regresaron con ella, que estaba casada con un buen hombre. Luis y sus hermanos vivieron con ellos el resto de su infancia.

El día que Luis cumplió dieciocho años, justo ese día, su papá se suicidó pegándose un tiro.

Luis me cuenta que a lo largo de su vida adulta ha ido descubriendo las secuelas que el maltrato de su padre le dejó. Por una parte, me dice: "He decidido no tener hijos por miedo a tratarlos mal, y esto perdura hasta el día de hoy. Asimismo, no puedo establecer relaciones de pareja íntimas y profundas. Sin embargo, gracias a esas experiencias de mi vida también desarrollé cosas positivas, como saber empatizar con el dolor ajeno, hacerme más consciente de mí mismo, detectar personas nocivas y buscar ayuda para sentirme mejor. Es cierto que las secuelas de los golpes y el abandono nunca se olvidan, pero también he aprendido que la gente no tiene la culpa de los padres que tuve y hoy por hoy cuento con personas maravillosas que me ayudan a salir adelante. Así también, gracias a esas experiencias, me acerque más a Dios y gracias a Él sigo vivo hasta el día de hoy. Deseo que esta experiencia ayude a las personas y no se quede tan sólo como un relato violento y doloroso". Esto es justamente lo que motivó a Luis a ofrecerme su historia y permitir que sea mostrada en este libro.

Hace un par de días Luis me contó que tiene una amiga a la que quiere mucho, la cual tiene un hijo de dos años hermoso, inteligente y adorable que está muy apegado a él. "¡Todos en casa lo adoramos! —añade Luis—. El otro día se quedó a pasar la tarde conmigo, estábamos acostados jugando con el iPad y yo lo observaba; lo veía tan lindo, tan inteligente y tan feliz, sintiéndose seguro y protegido por mí. De pronto se me llenaron los ojos de lágrimas al pensar que alguien le pegara a ese niñito tan bueno y amoroso, y pensé en mi padre, que jamás pudo verme como yo veo a este inocente, y cómo las personas que sabían todo lo que vivíamos mis hermanos y yo, incluyendo mi mamá, permitían esa situación. Por eso,

Martha, ¡quiero que tu libro sea un grito desesperado de ayuda y de conciencia para proteger a los niños inocentes e indefensos que son maltratados por sus padres! Hoy por hoy me reconforta saber que mis sentimientos hacia los niños son otros, y cada vez que veo a este bebé, con mis buenas acciones y con mi cariño hacia él, sana una parte de mí".

Y Luis tiene razón... Por medio de su amor y sus cuidados hacia ese niño que la vida puso en su camino, y al que tanto ama, está sanando a su propio niño interior herido, resentido, dolido y lastimado. ¡La vida es tan sabia!

También tiene razón cuando se cuestiona por qué la gente que sabía de su situación no hacía nada. Cuando conocemos historias como éstas y no hacemos nada nos convertimos en cómplices.

Más adelante ofreceré algunas propuestas para ayudar a los niños que están siendo maltratados, cuando te enteras de algún caso de éstos.

## La historia de Priscila Ruiz*

Después de varios intentos, Priscila y yo pudimos encontrar el tiempo donde ambas coincidiéramos para charlar. Esta ocupada y exitosa profesionista ha recorrido un largo camino en el proceso de sanar la parte de su vida que a continuación nos comparte y las secuelas que ésta dejó en su corazón.

Priscila me contó una historia breve, pero extensa en el dolor y en las profundas huellas que ese evento dejó en su sensible corazón de doce años. Su padre, hombre muy inteligente, era adicto al juego y al alcohol. Desde niña lo veía beber constantemente y cuando ella tenía cinco años él le dio su primera copa de vino.

Como sucede con la mayoría de los adictos (a lo que sea), el padre de Priscila estaba atrapado en la negación y nunca reconoció que

---

\* Se usa este nombre a petición de ella y con su autorización.

tenía un problema. Cuando ella pasaba por la pubertad, papá ya bebía demasiado, y como era diabético un día comenzó a sangrarle un dedo del pie. La sangre se asomó a través del calcetín, y al quitárselo la mamá de Priscila lo reprendió: "¿Lo ves? Esto es por tu diabetes, ¡deberías dejar de beber alcohol!" Estas palabras le revelaron a Priscila la gravedad del asunto. Abrumada por un enorme miedo, se hincó frente a él; con lágrimas en los ojos y con toda la intensidad de su preocupado corazón, le suplicó: "¡Papá, por favor, deja de tomar!" El padre se levantó furioso y le dio una fuerte bofetada que la tiró al suelo. Acto seguido se quitó el cinturón y le propinó una tremenda golpiza que parecía no tener fin. Aunado al dolor físico y emocional, Priscila estaba sumamente confundida: ¡no podía creerlo! "¿Cómo es posible que me esté golpeando el hombre que se supone que tanto me ama?", se preguntaba mientras la invadía un doloroso sentimiento de desilusión y rabia. "¡Tenía ganas de levantarme y golpearlo yo también!", me dice con lágrimas en los ojos. Y su rabia de igual forma iba dirigida a su mamá, que sólo observaba y no la defendía. Por fin, después de un tiempo que a Priscila le pareció una eternidad, papá se detuvo; ella lloraba desconsolada.

"¡No podía creerlo, porque yo no había hecho nada malo!" Su mamá se fue al baño y ella la siguió, llorando y cuestionándole por qué no la había defendido. "Es que tu papá tenía razón", fue la horrenda respuesta de su madre. Priscila piensa que como mamá fue criada a golpes, para ella era natural y hasta correcto lo que su padre acababa de hacer: la chica se lo merecía por haberlo confrontado. ¡Esa era una gran falta de respeto!, en la opinión de mamá.

Al día siguiente, su padre la abrazó y le pidió perdón. Ella siente que desde ese día algo quedó irremediablemente arruinado en su relación: "Aunque siempre notaba lo malo y no lo bueno, fue muy buen padre en otras formas, pero el día de la golpiza se me salió. El que lo hagas muchas veces y el que lo hagas una sola vez es igual de devastador y doloroso para un niño", afirma Priscila.

Un mes después de ese evento, el padre de Priscila falleció por causas relacionadas con el alcohol. Lamentablemente, la incipiente mujer de doce años se quedó con el amargo recuerdo de aquel día en que su padre le mostró, en todo su esplendor, la horrenda faceta que su adicción al alcohol y al juego estaba forjando en su personalidad.

"Es sorprendente la habilidad de la adicción para vencer aun a la persona más sensible y moral. He visto a muchos médicos, maestros, ministros y otros, de alta inteligencia y gran fuerza moral, volverse deshonestos, violentos e irresponsables por sus adicciones. Tanto ellos como aquellos que los conocen bien se sorprenden por esto, porque subestiman el poder de la adicción para controlar la conducta humana, a pesar de la inteligencia o el carácter."*

¿Qué le sucedió al padre de Priscila, que lo llevó a reaccionar de forma violenta ante la súplica de su amada hija? Por una parte, es posible que su alcoholismo, que al parecer se encontraba en una etapa avanzada, estuviera ya afectando su sano juicio y el control sobre sus emociones. Es posible que, de no haber fallecido, estos eventos de violencia se hubieran repetido. Pero también hay otra posibilidad: sucede que para el enfermo adicto, la sustancia (en este caso el alcohol) se vuelve su dios, su amante, su mejor amigo, su sentido de vida. Cuando no se ha tocado fondo, cuando no se está listo para dejarlo, la sola idea de tener que hacerlo puede generar una tremenda angustia. En el caso del padre de Priscila, es posible que ver a su amada hija de rodillas ante él, suplicándole que deja-ra de beber, le haya provocado una insoportable culpa y un auto-desprecio por estar creando semejante terror y sufrimiento en su pequeña. De forma tal que el choque interior entre la culpa por el dolor de su hija y la angustia por tener que enfrentar la monumen-tal proeza que se le pedía (dejar de beber), nublaron su sano juicio y lo llevaron a reaccionar de la forma en que hemos descrito.

Sea como sea, aunque esta experiencia fue devastadora para Pris-cila, no destruyó su capacidad de amar profundamente a sus seres queridos, ni su intenso deseo de conocerse, trabajar en sí misma y

---

\* Robert L. Dupont, *The Selfish Brain. Learning from Addiction*, Hazelden, Minnesota, 2000, p. 112 (párrafo traducido por la autora). El doctor Dupont es un reconocido investigador sobre la enfermedad de la adicción.

LOS GOLPES EN EL CONTEXTO DE LA ADICCIÓN

sanar lo que considere necesario. A fin de cuentas, la vida sigue...
¡Y vale tanto la pena!

En las impactantes historias de Sol, Alex, Luis y Priscila vemos de forma clara los factores que son un común denominador en la vida de los niños maltratados: la rabia y el odio hacia el padre abusador, la impotencia, el profundo dolor y la imperiosa necesidad de entender el porqué.

¿Cuándo se detiene el abusador? ¿Cuándo termina el maltrato?

Hay un dicho popular que expresa que el tirano dura hasta que la víctima lo permite. Con frecuencia he escuchado a personas que emiten duros juicios contra las personas (principalmente las mujeres) que sufren una relación de abuso. "¿Por qué sigue con él? ¿Por qué lo permite? ¡Es una tonta (estúpida, idiota) por tolerar eso!", se expresa casi despiadadamente. Yo misma tuve esas opiniones y esas actitudes hace tiempo.

En mi quehacer profesional he atendido innumerables casos de abuso en todo tipo de gente. En el aspecto personal, he conocido el abuso sufrido por personas muy cercanas y queridas. La interacción con las personas abusadas, la experiencia terapéutica con ellas, me ha llevado a entender a profundidad las barreras, las ataduras, la confusión que mantiene a una persona paralizada en una relación de abuso, sin poder salir de ahí, sin saber cómo ni por dónde... Hasta que un día algo, alguien, afuera o adentro de la persona, rompe las cadenas y se destapa un torrente de poder interior que conduce al "¡Basta! ¡No más!"

Si para un adulto es tan difícil liberarse de una relación de abuso, imaginemos lo que eso significa para un niño. Indefenso, vulnerable, dependiente como lo es, no tiene otra alternativa que aguantar. Más todavía, porque el abuso lo debilita, lo confunde, lo paraliza.

Una de las razones que perpetúan una relación de abuso, es porque éste se oculta. Por vergüenza, por miedo, por soberbia, por baja autoestima, por miedo al juicio y a la crítica, porque al abusado no se le ocurre que puede recibir ayuda, o por la razón que sea, la víctima calla y el abuso perdura. ¡Hasta que deja de callar! Y es entonces cuando la liberación puede tener cabida.

En el caso de los niños maltratados por lo general ellos no piden ayuda. Algunos no lo hacen porque suponen que el trato que reciben es lo normal. Otros, porque aunque sepan que en otras familias los niños no son golpeados, infieren que ellos sí lo merecen. Y otros más, porque han perdido la fe y la esperanza y creen que nadie se interesaría en ayudarlos. Pero sea cual fuere el caso, en todos hay un común denominador: el temor, el pánico, de que "acusar" a mamá o a papá les traerá devastadoras consecuencias.

¿Cuándo, entonces, el niño maltratado deja de serlo?

• **Cuando crece.** He conocido casos en los que llega un momento que el hijo abusado pone un alto al padre abusador y es hasta entonces que éste se detiene. Un amigo me contó que su agresivo padre golpeó e insultó a su madre y a sus hermanos toda la vida. Pero cuando él cumplió doce años, cierto día, harto del abuso y fortalecido por la rabia y la indignación, tomó la pistola que se guardaba en algún lugar de la casa para protección de la familia, la puso frente a la cara de su padre y le dijo: "Si vuelves a golpear a mi mamá, a mis hermanos o a mí... ¡te mato!" Y nunca más volvió a hacerlo. Otros chicos tienen reacciones menos drásticas, pero iguales en cuanto a la determinación con la que le ponen un hasta aquí al abusador, tal como lo vimos en las historias que he presentado. No significa que los que ponen límites son mejores que los que no, o que estoy sugiriendo que los chicos deberían ponerlos. Existen innumerables factores que hacen que cada caso sea diferente e individual, y así deberá ser evaluado. Lo que sí es una realidad inamovible es que los niños no pueden defenderse a sí mismos ante la violencia del abusador, y por ello necesitan la ayuda de otros para detener el abuso.

• **Cuando las circunstancias cambian.** Por ejemplo, el niño se muda a vivir a otro lugar, un miembro de la familia llega a vivir con ellos, el padre o la madre abusador se va de casa, etcétera.

LOS GOLPES EN EL CONTEXTO DE LA ADICCIÓN

- **Cuando alguien —bendito sea— decide defenderlos.** Un factor que he encontrado absolutamente en todos los casos que he conocido, de adultos que fueron niños maltratados, es el resentimiento hacia el padre, la madre, el tío, el abuelo o cualquier otro adulto que fue testigo de los golpes y nunca los defendió. Cuando no lo hacemos, nos volvemos cómplices del abusador y le mandamos al niño este mensaje: "¡Te lo mereces! No vale la pena incomodarme por defenderte". Una mujer divorciada con dos hijos, a quien conozco desde hace años, me contó que solía golpearlos cruelmente por cualquier cosa; era esta su forma de educarlos. Un día quiso el destino que conociera a un buen hombre que se enamoró de ella y que después de un tiempo le propuso matrimonio. Él asumió con gusto el rol de papá de los niños. Desde el momento en que él entró a su vida, la detenía de inmediato cada vez que intentaba comenzar la golpiza. La llevaba a un lugar aparte y la reprendía haciéndole ver el gran error que cometía, reiterándole que de ninguna manera él permitiría que este trato hacia los niños continuara. La determinación de este hombre para impedir las golpizas, su cero tolerancia a esa conducta de su esposa y el apoyo que ofrecía para educar a los niños, detuvieron por completo el patrón de abuso de la madre. Han pasado más de veinte años de que este hombre llegó a su vida; siguen casados; continúa siendo un maravilloso esposo y un excelente padre de los niños. ¡Qué suertudas son algunas!, ¿verdad? Pero en este específico caso ¡los más suertudos fueron los niños! El rol que juega la pareja del abusador es sumamente importante. Desafortunadamente, son pocos los que defienden al niño, hablan con su cónyuge al respecto y se embarcan decididamente en la misión de: "¡No permitiré que los golpees!" Hay muchas formas de defender a un niño maltratado. Una es la intervención directa cuando uno es un miembro de la familia o un amigo; otra es acudiendo a las autoridades competentes para que intervengan en la problemática familiar, con las acciones de apoyo necesarias para detener el abuso y proteger a los niños. En el anexo, al final de este libro, te informaré cuáles son estas instancias e instituciones. En lo personal, cuando me cruzo con un padre o con una madre golpeando a su niño, no puedo quedarme observando con los brazos cruzados. Me acerco y amablemente, pero con determinación, le pido que deje de hacerlo, que hay otras maneras de educarlo. Me he conseguido toda clase de reacciones: desde los que parecen atender mi petición y se detienen, hasta los que me insultan y me dicen con rudas palabras que no es asunto mío y que me vaya a... Éstos son generalmente los que creen que ser padres les da derecho a lo que sea. Así las cosas, si algún día tú y yo nos cruzamos y le estás pegando a tu hijo, aunque sea "de vez en cuando", sabrás qué esperar de mí. ¿Por qué lo hago? ¿Soy tan ilusa que creo que por esa intervención mía ese padre o esa madre no golpeará a la criatura nunca más? No, no soy ilusa. Sé que probablemente al rato, al siguiente día, la semana próxima, el niño recibirá más golpes. Aunque, pensándolo bien, tal vez sí soy ilusa, y en el delirio que me causa serlo imagino que posiblemente —porque todo es posible— las cosas pueden mejorar para ese niño; o por lo menos sabrá que alguien, una desconocida entrometida e ilusa, se interesó por él y lo defendió, aunque fuera por un momento de su vida, y de paso, tal vez el padre o la madre reciba este mensaje: "Te vemos... ¡Y no estamos de acuerdo!"

¿Por qué defiendo a los niños cuando veo que los golpean? ¡Porque no puedo no hacerlo!

CAPÍTULO 4

# CUANDO EL GOLPEADO SE VUELVE GOLPEADOR

## El patrón se perpetúa

"Yo no haré a mis hijos lo que a mí me hicieron…" ¿Cuántas veces has escuchado esta afirmación? Tal vez tú mismo la expresaste en alguno o en muchos momentos de tu vida. Desafortunadamente, en infinidad de casos estas buenas intenciones no tienen cabida en la vida real. Los actos que se pretendían no hacer se realizan, el dolor que se pretendía no causar se ocasiona, la felicidad que se pretendía alcanzar es suplantada por sufrimiento y vergüenza; el mismo sufrimiento y la vergüenza que formaron parte del día a día de aquella infancia.

Y el abusado se vuelve abusador… Diversos estudios confirman que el maltrato continúa de una generación a otra, de manera que el niño maltratado es un maltratador en potencia, y cuando sea adulto puede convertirse en uno.

El doctor Jorge Barudy, experto en maltrato y abuso infantil, y autor de *El dolor invisible de la infancia*, lo plantea así:

> Cuando el sufrimiento de las víctimas, resultado de esta violencia, no ha sido verbalizado o socialmente reconocido, el riesgo de que se exprese a través de comportamientos violentos sobre otras personas es muy alto. Estas nuevas violencias producirán nuevas víctimas que podrán transformarse a su vez en nuevos

victimarios. De esta manera, padres violentos que fueron niños maltratados sin protección, podrán maltratar a sus hijos haciendo de ellos futuros padres violentos. Se crea así la posibilidad de un ciclo transgeneracional de la violencia.

¿Cuál es la razón de que en tantas ocasiones el patrón se perpetúe? ¿Por qué para algunos sus buenas intenciones no bastan? Básicamente sucede por dos razones: por una parte, quien de niño fue maltratado no sabe otra forma de vivir y de relacionarse. Ése es el único paso que aprendió a "bailar", el único territorio en el que se sabe mover. En su cerebro, su psique, su cuerpo, y en todo su ser, está registrado ese único patrón de relación. Por otra parte, se da un fenómeno de proyección que consiste en lo siguiente: como consecuencia del maltrato recibido en la infancia, la persona desarrolla un negativo autoconcepto y un profundo desprecio por sí mismo. Así pues, al ver a sus pequeños hijos "ahí afuera" proyecta en ellos la imagen del niño que un día fue, transfiriéndoles aquel añejo autodesprecio, ya que al mirarlos a ellos en realidad se está viendo a sí mismo. No obstante, este destino puede cambiar, y el patológico y potencialmente interminable ciclo de víctima-victimario-víctima-victimario... puede detenerse.

La experiencia terapéutica muestra que cuando se trabaja en sanar las heridas de la infancia, es cuando las probabilidades de no repetir el patrón se incrementan. Es un hecho comprobado que el trabajo interior ayuda a sanar, bien sea por medio de la psicoterapia, la oración, la meditación, las medicinas alternativas, o por cualquier otro medio que nos sirva para alcanzar este objetivo.

Los casos de Eiry y César, que a continuación te presento, son una muestra de cómo el trabajo terapéutico comprometido puede llevar a detener el patrón de abuso de una generación a otra y, con ello, reivindicar a los antecesores y liberar a los descendientes de seguir repitiendo tan dolorosa historia.

CUANDO EL GOLPEADO SE VUELVE GOLPEADOR

# La historia de Eiry*

Mientras esta dulce mujer y yo platicábamos, sus preciosas hijas revoloteaban en la habitación contigua como alegres y sigilosas haditas, respetuosas del momento privado que su mamá y yo necesitábamos.

La pequeña Eiry nació con muchos problemas de salud. Su tía materna y el esposo de ésta —quienes tuvieron tres hijas que fallecieron— ofrecieron a los padres de Eiry la posibilidad de darle atención médica, pero debido a los requisitos que imponía el seguro, la niña tendría que ser registrada como su hija. Los padres de Eiry, preocupados por la salud de la niña, aceptaron el trato. Así pues, los tíos se convirtieron en los padres y los padres en los tíos, de lo cual Eiry no se enteró hasta que ya era adulta, unos meses antes de casarse.

Su mamá adoptiva, quien era sumamente exigente e inflexible, le pegaba mucho, la sobajaba, la comparaba siempre con su hermano, lo cual Eiry reconoce que deterioró en gran medida su autoestima, y le ha costado mucho recuperarla. "Nunca vas a hacer nada en la vida, no sirves para nada", más una retahíla de insultos y golpes, eran parte de la vida cotidiana. Cualquier cosa que Eiry hiciera, que no le pareciera bien a su mamá, la hacía merecedora de golpes e insultos. El recuerdo de esas vivencias le llena los ojos de lágrimas.

Durante los momentos en que su mamá le pegaba con la mano, un cable, un cinturón, un zapato o con lo que encontrara, Eiry sentía dolor, pero también mucho miedo y enorme rabia. Deseaba crecer ya, para pegarle también y que ella sintiera lo mismo.

El doloroso recuerdo de un evento que a Eiry le ha costado mucho superar, es el de cierta ocasión en que, siendo día de las madres, papá le compró un regalo para que le obsequiara a su mamá. La niña, ilusionada y feliz le entregó el obsequio, pero la inesperada reacción de su madre, que se antoja despiadada y cruel, le destrozó

---

* Se usa este nombre a petición de ella y con su autorización

el corazón: "¡A mí no me des esas porquerías, a mí regálame oro, cosas valiosas!", le respondió. Como si una niña pudiera comprar semejantes regalos.

Pasaron algunos años, y con el tiempo Eiry desarrolló un mecanismo de defensa para sobrevivir al dolor que la agresión de la madre le causaba: ya no lloraba, ya no sentía, sólo miraba a su madre con todo su odio y rabia. En el fondo, el enorme temor que la niña sentía, seguía latente día tras día.

A los once años, Eiry comenzó a escribir todo lo que le sucedía, lo cual la ayudaba a desahogarse y a poner las cosas en perspectiva. En ese momento de su vida se había desarrollado bastante físicamente y había alcanzado una estatura de 1.60 m. Su mamá era más bajita que ella, de forma tal que cierto día cuando le quiso pegar, Eiry le detuvo las manos y llena de odio, de indignación y de rabia, le dijo: "¡BASTA YA!" Ésa fue la última vez que la madre la golpeó.

Pero no supongas que esto fue el fin del maltrato hacia la chica; lo que sucedió después fue que se generó una extraña dinámica entre Eiry y su mamá, quien al darse cuenta de que su hija ya no estaba dispuesta a tolerar sus golpes, convirtió a su hermano, quince años mayor, en su aliado. Así pues, como una imposición no hablada, pero sí implícitamente exigida, le "asignó" al chico la tarea de golpear a su hermana. Él se volvió entonces el ejecutor de los golpes que la madre ya no podía propinar. Ésta se limitaba a dar la queja al hermano y él se encargaba de la golpiza, los insultos y las humillaciones verbales, justamente como la madre solía hacerlo. Como muchos niños golpeados, Eiry llegó a convencerse de que este tipo de trato era normal. En la medida en que fue creciendo, los golpes de su hermano cesaron, pero no así los insultos, los cuales, en un momento dado, Eiry llegó a creer que eran muestras de cariño.

Su padre nunca la golpeó, pero tampoco la defendía. Eiry siempre procuraba estar cerca de él y acompañarlo cuando salía de casa, porque sabía que con él estaría segura y a salvo.

Su mamá biológica, que, como mencionamos con anterioridad, tomó el rol de tía, era muy amorosa con ella. Sabía que la madre adoptiva la trataba mal y la golpeaba, y sin duda sufría por ello, "pero su situación económica era extremadamente precaria y su esposo la había abandonado, probablemente por eso no me sacaba de ese infierno", reflexiona Eiry.

Así transcurrió la vida de Eiry y al paso de los años se casó con un hombre que ella describe como muy tierno y cariñoso, tal como era su papá, y que además adora a las dos hijas que juntos procrearon. Fue hasta que contrajo matrimonio que su hermano dejó de maltratarla.

Alrededor de un año después del nacimiento de su primera hija, Eiry comenzó a golpearla. "Algo se despertó dentro de mí, que me llevaba a ensañarme con ella, y sin motivo aparente sentía enormes ganas de pegarle, como si me conectara con algo de mi niñez. A pesar de que sentía un gran amor por mi hijita, había conductas de ella que me provocaban ganas de golpearla, y aunque no me podía explicar el porqué, lo hacía. Le pegaba con todo lo que pudiera; le decía cosas horribles como a mí me las decían, y luego sentía una culpa espantosa. Entonces la abrazaba y le decía que la quería. No podía entender por qué, si la amaba tanto, también la trataba así. ¡Cómo quisiera que volviera a ser pequeña para tratarla de forma diferente y no golpearla!"; me cuenta Eiry con un gran dolor.

Su esposo hablaba con ella a solas; le decía, le suplicaba, le insistía que no le pegara ni tratara así a la pequeña, pero Eiry simplemente no podía evitarlo.

Cierto día, cuando su hija tenía ocho años, se le ocurrió preguntarle: "¿Cómo te sientes?" Y la niña respondió: "Me siento triste, sola, siento que tú no me quieres". En ese instante Eiry recordó que ella se sentía exactamente igual cuando era niña, pero nunca pudo expresárselo a su mamá. Esto le causó un *shock* que la llevó a entender que no podía seguir así.

Decidida a cambiar las cosas, Eiry reunió toda su determinación para involucrarse en un proceso de terapia. Necesitaba entender, cambiar, sanar... Y este trabajo terapéutico dio resultados. Eiry dejó de golpear a su hija y no lo ha hecho nunca más. Conversa mucho con ella y ha aprendido otras formas de poner límites a sus hijas o llamarles la atención cuando es necesario.

Me cuenta que cuando ve a una madre o a un padre golpeando a una criatura, le da mucho coraje y ganas de quitársela. Eiry me dice que mediante este libro desea enviar un mensaje a todos los padres y las madres para pedirles: "¡No golpeen a sus hijos, platiquen con ellos; los golpes no sirven para educar, sólo para hacer sufrir! Encuentren el tiempo para sentarse con sus hijos a tomar un helado, a platicar, a jugar. ¡Ahí sale todo!", remata Eiry con profunda convicción.

Está orgullosa de sí misma (yo también lo estoy) porque a pesar de todo, se ha convertido en una madre amorosa, buena, madura y, sobre todo, ¡que ya no golpea!

## La historia de César*

César lanza un profundo suspiro mientras se acomoda en su asiento y echa un vistazo a su alrededor, como asegurándose de que nadie lo verá o escuchará. Es la primera vez que este hombre, visiblemente atribulado, acude a mi consultorio. Me quedan claros su miedo, su desconfianza, su culpa y su vergüenza. El porqué, estoy a punto de averiguarlo.

César y yo rompemos el hielo con un poco de charla informal y acerca de sus comentarios sobre quién lo recomendó conmigo. Le digo que con mucho gusto lo atenderé y que puede estar seguro de que pondré mi cien por ciento para servirle lo mejor posible. Esta declaración de mi compromiso con él parece darle confianza, y sin más preámbulo, como a quien le urge desahogarse de algo, comienza a contarme: "Me casé muy enamorado de mi esposa, quien como yo también fue una niña maltratada, y a pesar de que lo fue ella logró superar eso y es una madre maravillosa. Yo, en cambio, constantemente humillo a mis dos hijos de seis y nueve años; con frecuencia también les pego y, por más que quiero, no puedo evitarlo. Mi esposa está desesperada porque no puede hacer que me detenga

---

\* Se usa su nombre de pila a petición de él y con su autorización.

y está a punto de pedirme el divorcio e irse con mis hijos para que ya no los maltrate. ¡Yo estoy devastado, desesperado, no los quiero perder! Aunque a veces pienso que estarían mejor sin mí". César continúa dándome detalles de algunas situaciones pasadas que lo llenan de culpa, en las que les dijo horribles ofensas a sus hijos o les propinó un rudo golpe.

Su infancia transcurrió en medio de constantes críticas y juicios de parte de su padre. "Todo lo que yo hacía o decía me volvía digno de sus burlas, críticas y coscorrones que me llenaban de furia. Sentía ganas de voltear y devolvérselos, pero eso era simplemente impensable. Llegué a desarrollar una gran inseguridad para hacer o decir cualquier cosa, por miedo a sus coscorrones y a sus burlas; todavía en la actualidad, a mis treinta y seis años, con frecuencia dudo de hacer o expresar algo, porque siento que mi padre está por ahí vigilándome y listo para lanzar sus horrendos comentarios. También me doy cuenta de que todo el tiempo yo mismo me estoy juzgando y desaprobando. Si digo o hago A, me reprocho que debería haber dicho o hecho B, y viceversa".

Cuando se ha crecido en una situación de constante desaprobación, como la de César, llega un momento en que el despiadado juez se internaliza y somos nosotros mismos quienes nos desaprobamos y criticamos. No necesitamos al tirano afuera, porque ya lo llevamos dentro.

Asimismo, mediante la constante desaprobación, el mensaje que el niño recibe es el de que es un tonto, que no puede, que no sabe, que no es capaz, todo lo cual incide en la creación de una bajísima autoestima y un horrendo autoconcepto, ya que, como hemos mencionado con anterioridad, ambos se construyen con base en lo que las personas emocionalmente significativas para el niño dicen respecto de él.

"Me duele profundamente darme cuenta de que hago con mis hijos exactamente lo que mi papá hizo conmigo, y no puedo evitarlo. Con frecuencia lloro en las noches por la culpa que siento por lo que les hice o les dije. ¡Ya no soporto ser así con ellos!", dice César con intensidad, mientras llora y mete la cabeza entre sus manos con desesperación.

Este atormentado padre se comprometió ampliamente con su proceso de terapia, enfrentando sus fantasmas, sus monstruos y también sus valiosísimos recursos para salir adelante. Con él trabajé de forma profunda en espejearlo y apoyarlo para desarrollar su empatía, su capacidad de sentir compasión y ponerse en los zapatos del otro, capacidades que en él eran casi inexistentes; ¡Y cómo no habrían de serlo!, si llevaba en su interior a un niño herido, enojado, frustrado y hambriento de venganza, que no podía sino verse a sí mismo y a sus múltiples necesidades insatisfechas. Por tal razón, también trabajamos profundamente en sanar a ese niño herido que clamaba por ser aceptado y respetado.

Cuando no hemos sanado a nuestro niño interior herido, la mayoría de nuestras conductas como adultos estarán contaminadas por los sentimientos vividos en la infancia: dolor, rabia, frustración, necesidad de aprobación y atención, etcétera. Con frecuencia es el niño interior herido y furioso quien toma el control de las situaciones de la vida, y no el adulto maduro, porque la fuerza del dolor de la infancia es sumamente poderosa.

De igual manera, proyectamos en nuestros hijos las secuelas de esas heridas, de forma tal que al verlos a ellos, lo que en realidad vemos es al niño que un día fuimos, y reaccionamos ante ellos emulando el trato que en la infancia recibimos. En el caso específico de César, en sus hijos proyectaba la imagen de sí mismo como niño: tonto, equivocado, despreciable, intolerable, inadecuado, indigno de amor, como su padre lo hizo sentir toda la vida. Y de esta forma, hacía con ellos exactamente lo que hicieron con él... Ellos son él... Él es ellos...

Su creciente capacidad de empatizar y su trabajo con su niño interior le otorgaron la posibilidad de comprender lo que sus hijos sentían por la forma en que los trataba y las humillantes ofensas que les decía, lo cual le facilitó enormemente el cambio de actitud hacia ellos.

Siempre me sorprende cómo la empatía —el ponernos en el lugar del otro— vuelve tan fácil la comprensión, la compasión y el respeto. Así pues, como siempre sucede, el compromiso de César con

CUANDO EL GOLPEADO SE VUELVE GOLPEADOR

su terapia dio resultados. El trato hacia sus hijos cambió drásticamente, su esposa decidió seguir con él porque, según dijo, ahora era muy agradable estar a su lado, y César pudo comenzar a respirar sin el ladrillo que siempre le oprimía el pecho, como él lo describió.

Lo que me encanta de esta historia es que esos niños dejaron de recibir burlas, golpes y rechazo de su padre, y comenzaron a ser tratados con respeto y con amor.

Me parece de suma importancia retomar la idea de la culpa que experimentan los padres que golpean a sus hijos. Al hacerlo sufren, ¡y mucho!, aunque no lo parezca. El padre de Luis le pedía perdón después de las golpizas, Eiry abrazaba a su hija y le decía que la amaba después de pegarle, y César lloraba por las noches, atormentado y arrepentido. Para algunos padres la culpa es tan insoportable, que fincan impenetrables mecanismos de defensa alrededor de los hechos, y hasta llegan a distorsionar la realidad y a olvidar o negar que, de hecho, golpearon a sus hijos cuando eran niños, tal como sucede con la mamá de Sol. Ya sea que una madre o un padre golpee a sus hijos de forma constante y severa, o sólo "de vez en cuando", sentirá una desagradable culpa que lo calcina y lo atormenta, o por lo menos lo incomoda. Y es así como esto vuelve el asunto más patológico todavía.

Veamos: desde el punto de vista del padre o la madre, la culpa los impulsará a intentar compensarla para aligerar la incomodidad que aquélla les causa, llevando a cabo todas esas conductas que hemos mencionado con anterioridad: comprarle, facilitarle, tolerarle, darle, más allá de lo que es conveniente. Pero desde el punto de vista del niño, éste aprenderá un insano patrón que matizará sus comportamientos y sus relaciones futuras, y que explicaríamos de la siguiente forma: cierta conducta le trae como consecuencia un golpe, que sin duda es una desagradable consecuencia; pero después del golpe vendrá una agradable recompensa, una especie de "luna de miel": el abrazo, las muestras de amor, la súplica de perdón, los regalos y las concesiones. Entonces viene la confusión en la mente del niño. "Aquella conducta que me ocasionó el golpe no debe estar tan mal, puesto que a fin de cuentas me trae regalos, concesiones y amor". No es que los niños aprendan este patrón porque razonen así, sino que lo aprenden por asociación. Aquello me trae como consecuencia esto, entonces... este es el camino para conseguir todo lo bueno que aquello me da.

Cuando son adultos, el haber aprendido que después del golpe viene la agradable compensación, determinará sin duda alguna el tipo de relaciones que establecerán. Muchísimas mujeres y hombres que son víctimas de maltrato en su relación de pareja, lo fueron cuando eran niños, y ahora como adultos lo toleran y lo siguen tolerando por la "luna de miel" que le sigue, como les sucedía cuando eran niños. Explosión/maltrato-luna de miel-explosión/maltrato-luna de miel... Hasta que, de tanto repetir este círculo vicioso, de tanto no encarar ni resolver los problemas, la relación se desgasta. Y entonces la "luna de miel" ya no se da, o aquellas súplicas de perdón, regalos y muestras de afecto, que antes conducían a la reconciliación, dejan de hacerlo. Con el tiempo, la "luna de miel" se esfumó y sólo quedan la pesadilla, el horror y el sufrimiento, de los cuales es tan difícil liberarse.

Golpear a los niños, pues, no importa la frecuencia, la intensidad, ni el grado de salvajismo con el que se haga, no sólo les inflige dolor, sino que tiene muchas otras graves consecuencias para su vida.

¡Reflexiona!

# Radiografía del padre o la madre golpeadores

En las historias que he presentado, cada uno de los padres o las madres abusadores (excepto el padre de Priscila, aunque su madre sí), fueron niños maltratados. La mamá de Sol García, por ejemplo, quedó huérfana a los dos años y fue maltratada con saña por su madrastra. "Yo nunca supe lo que era el amor y las atenciones de una mamá", expresó a Sol en alguna ocasión. También el padre de Alex y el de Luis fueron niños salvajemente golpeados por sus progenitores. El papá de Luis tenía en el brazo la marca de una profunda quemadura que, cuando era niño, su mamá le causó al ponerle el brazo en la estufa para "corregirlo".

Una estrategia que es útil para ayudar en el proceso de perdonar a los padres es, precisamente, la empatía; por ejemplo, imaginarlos como los niños que un día fueron: tristes, desprotegidos, temerosos, vulnerables, dolidos, maltratados. El objetivo de este ejercicio no es justificar su conducta, sino ayudarnos a comprender, con compasión y con respeto, el porqué de ésta. Al imaginar al violento padre de Luis como un niño indefenso, recibiendo semejante método correctivo por su madre, lo que uno siente es ternura y compasión por ese niño. Una vez que hacemos esto no podemos dejar de ver al niño maltratado que un día fue, detrás del agresivo padre en el que se convirtió.

Por otra parte, diversos estudios muestran que existen ciertos factores que conducen a algunos padres a maltratar a sus hijos. Los siguientes son los más comunes:

- El consumo de alcohol y drogas, así como otro tipo de adicciones, como lo explicamos en el capítulo 3. Asimismo, haber sido maltratado en la infancia aumenta considerablemente las probabilidades de consumo nocivo de alcohol en etapas posteriores de la vida.
- Ser padres muy jóvenes que no cuentan con apoyo de la familia o la sociedad.
- El desempleo y los problemas económicos que sin duda generan altos niveles de estrés.
- Haber sido un niño maltratado en la infancia.
- Vivir en una situación de hacinamiento.
- Ciertas características y determinados rasgos de personalidad de los padres: baja autoestima, negligencia, depresión, ansiedad y bajo control de impulsos.
- Haber tenido una infancia en la que se vivió constantemente la violencia y los pleitos de los padres, contribuye a que los

hijos aprendan el comportamiento de la violencia y cuando sean adultos presenten con sus parejas el mismo patrón de maltrato y abuso que aprendieron de sus padres, y así también a que se vuelvan padres maltratadores.

- La falta de conocimiento sobre el desarrollo normal de los niños, que lleva a algunos padres a tener expectativas poco realistas sobre lo que el niño deber ser o hacer. Cuando éstos no cumplen tan altas expectativas por el simple hecho de que su desarrollo se los impide, los padres se frustran y se desesperan, y reaccionan con violencia ante sus hijos.
- Los problemas que algunos padres pueden atravesar (enfermedad física, pérdida del empleo, de un ser querido o de la pareja, etcétera) incrementan su nivel de estrés y los hacen menos tolerantes, más impacientes y más violentos.
- Aislamiento social, soledad, falta de apoyo.
- Dificultad para establecer vínculos afectivos con sus hijos, porque ellos mismos no los tuvieron.

Otros factores debidos a circunstancias externas de la vida de los padres, pueden también contribuir al incremento del maltrato hacia los hijos:

- Embarazo no deseado.
- Tener un hijo con algún impedimento o discapacidad física o psicológica, hiperactividad, etcétera.

Sean cuales fueren los factores paternos, maternos o sociales que predisponen y determinan la conducta de maltrato hacia un niño, llegamos a la inevitable conclusión que nos ha ocupado a lo largo del libro: ¡nada justifica golpear a una criatura indefensa! Lo que debemos hacer como padres es buscar ayuda para resolver nuestros problemas personales que nos llevan a asumir una conducta de maltrato hacia los hijos, y como espectadores del abuso, apoyar, comprometernos y denunciar si el caso lo requiere. En el apéndice de este libro ofrezco información sobre lo que hay que hacer cuando conocemos un caso de abuso infantil, y sobre las instituciones encargadas de apoyar, en ese rubro, tanto a los padres como a los niños. Lo único que no debemos hacer es voltear la cara y pretender que no pasa nada, y menos aún quedarnos de brazos cruzados cuando nos reconocemos como padre o madre maltratadores, sin importarnos el devastador efecto que el maltrato hacia nuestros hijos ejercerá el resto de su vida.

CAPÍTULO 5

# SANAR A TU NIÑO INTERIOR

## Sanar a tu niño interior que fue maltratado y se ha convertido en madre o padre maltratador

"¿Qué tanto se puede llegar a sanar a nuestro niño interior herido? ¿En qué porcentaje se pueden curar las heridas de la infancia?", me cuestionó, adusto e indiferente, un exitoso empresario que algún día fue mi paciente. "¡No tengo la menor idea!", le respondí despreocupada y con cero interés en convencerlo de nada. En su mente de empresario, acostumbrado a las cifras, los reportes y los protocolos, mi respuesta sin duda le sonó como un chillido de esos que se escuchan cuando un micrófono hace interferencia. Pero, por otra parte, también le dio cierta sensación de libertad al saber que no había expectativas qué cumplir en este tema. "Me gusta tu respuesta... le voy a entrar", concluyó. La siguiente semana comenzamos un proceso terapéutico de trabajo con su niño interior que más de una vez lo llevó a derretirse en un amargo llanto reprimido durante muchos años. Fue hermoso trabajar con él, como lo ha sido trabajar con cada uno de mis pacientes que a lo largo de veintiséis años me han honrado con su confianza en mi persona y en mi trabajo.

"¿Qué tanto se puede llegar a sanar a nuestro niño interior herido? ¿En qué porcentaje se pueden curar las heridas de la infancia?"

Hoy agregaría esta frase a mi respuesta: "Es muy probable que al final del camino tendremos más de lo que teníamos antes de comenzarlo". Ésa, para mí, es razón suficiente para involucrarme y comprometerme en una cruzada. Y la cruzada que nos ocupa en este capítulo, es la de hacer contacto, rescatar, abrazar, consolar, sanar y amar a nuestro niño interior herido que nos está esperando. ¡Y claro que esto vale la pena!

Si bien enfocaré estas propuestas hacia quienes fueron niños maltratados, en realidad son aplicables a cualquiera que desee trabajar con su niño interior.

Es sumamente importante observar las siguientes recomendaciones:

1. Evalúa si te sientes más cómodo llevando este proceso con un terapeuta que te guíe y te acompañe a lo largo de éste. El terapeuta tendrá tal vez sus propias formas, o quizá las que aquí presento podrán ser usadas por él o ella para tu proceso terapéutico.
2. Si estás experimentando depresión, terrores nocturnos, crisis de pánico o de angustia, definitivamente debes buscar ayuda psiquiátrica que te apoye en la parte bioquímica de estos estados emocionales, y ayuda psicológica para atender la parte emocional de tus conflictos. En estos casos, no trabajes tú solo con estas propuestas; debes hacerlo con la guía y el acompañamiento de un terapeuta.
3. Si las experiencias que viviste en la infancia fueron altamente traumáticas, no hagas solo este trabajo, sino con la compañía, la supervisión y el apoyo de un profesional.

Nadie mejor que tú mismo puede evaluar si las tres recomendaciones que te he dado se aplican a ti. Y nadie mejor que tú mismo para decidir si lo que sigue es algo que te apetece experimentar, o simplemente no es tu momento ni tu camino, lo cual, por cierto, muy válido y respetable.

Hago enfáticamente la aclaración de que estas propuestas no son —ni pretenden ser— sustitutos de un proceso terapéutico bajo

SANAR A TU NIÑO INTERIOR

la guía de un profesional, sino sólo herramientas que apoyan dicho proceso, o que si lo sentimos adecuado podemos experimentar por nosotros mismos, salvo en los casos que menciono en los puntos 1, 2 y 3.

Pues bien, te presentaré a continuación una efectiva y hermosa propuesta a la que llamo "Rehacer la historia".

Como su nombre lo dice, se trata de modificar la forma en que cierta circunstancia de tu vida sucedió. Al hacerlo cambiamos la forma en que nuestro cerebro, nuestras emociones y nuestro cuerpo recuerdan y han registrado esa vivencia dolorosa, y como consecuencia, se modifica todo el estado interno y la carga emocional relacionada con ella. De manera que cuando esto sucede, el impacto doloroso y traumático que antes ejercía se modifica, desaparece o disminuye; cualquiera de las tres. Más aun, llevar a cabo esta estrategia nos llena de amor, de paz y de esperanza. ¡Pero no te pido que me creas! Más bien, te invito a que lo experimentes y seas tú mismo quien juzgue si vale la pena o no.

Puedes grabarla para que luego simplemente sigas las indicaciones sin tener que interrumpir para leer, o puedes pedir a alguien en quien confíes que la lea para ti y te guíe en el proceso. Es importante que estés en un lugar tranquilo, privado, que cuentes con el tiempo suficiente y sin pendientes, como una llamada que tienes que hacer, la ropa que está en la lavadora, la comida en la estufa, la próxima visita de alguien a quien esperas, un asunto urgente de trabajo, etcétera, para que nada te distraiga. Puedes poner una vela, aromas, música o cualquier elemento que te ayude a relajarte.

Ten muy presente que es importante que sigas a tu guía interior. Puedes modificar, agregar, o hacer lo que tú sientas adecuado, sobre las bases de los pasos que a continuación te describo.

**Paso 1.** Comienza por elegir una experiencia de tu infancia que recuerdas con dolor, con impotencia, con frustración, etcétera. Es importante que tomes sólo una situación a la vez, para que puedas trabajar a fondo con ella. Ya tendrás la oportunidad de hacerlo con cuantas vivencias quieras.

**Paso 2.** A continuación, ponte de pie y ubícate en un lugar del sitio donde te encuentras en el cual te quede cierto espacio detrás. Si el lugar no es demasiado grande, no importa; lo que necesitamos es que haya espacio detrás de ti, ya que éste simbolizará tu pasado.

**Paso 3.** Enseguida cierra tus ojos y mantenlos así todo el tiempo que dure esta actividad. Haz algunas respiraciones lentas y profundas, soltando tu cuerpo cada vez que exhales. Mientras más relajes tu cuerpo, mejor podrás relajar tu mente y entrar profundamente en esta vivencia.

**Paso 4.** Acto seguido, mantén tus ojos cerrados, comienza a caminar hacia atrás muy lentamente, como si estuvieras retrocediendo en el tiempo; con pasos muy cortos... No hay ninguna prisa... Sigue caminando hacia atrás, hasta que llegues a un punto en que "sientas" que has llegado a la etapa de tu vida en la que sucedió la experiencia que has elegido para trabajar en el paso 1. Ahí te detienes. No elijas este punto echándole cabeza, haciendo números de los años, buscándole la lógica al espacio. No PIENSES... ¡SIENTE! Y ahí donde SIENTAS que debes detenerte, hazlo.

**Paso 5.** Muy lentamente, manteniendo tus ojos cerrados, da la media vuelta de manera que te encuentres frente a frente con tu yo mismo niño. ¿Qué edad tienes? Obsérvate, date cuenta cómo se siente esa criatura, cómo se ve, etcétera.

**Paso 6.** Ahora entrarás en contacto con tu niño interior frente a ti. Dile algo así como esto, porque es importante que te identifiques con él: "Soy tú mismo de X edad. He venido a decirte que ahora soy grande, fuerte, inteligente (o lo que quieras decirle). Ahora que soy un adulto yo puedo cuidarte y protegerte, y si no puedo buscaré ayuda. Yo entiendo muy bien cómo te sientes y lo que necesitas. Yo te comprendo como nadie más puede hacerlo. Quiero explicarte que lo que tu papá o mamá hace contigo no es tu culpa; lo hace porque está enfermo, desesperado, o no sabe otra forma de tratar a sus hijos porque a él o a ella así lo trataron cuando era niño, pero de nada de eso tienes tú la culpa. Tú mereces ser amado, protegido, apoyado, y ahora que soy grande yo me encargaré de darte todo eso". Dile todas las demás cosas que deseas. Date cuenta de que nunca antes se había sentido así: amado, protegido, seguro, comprendido.

**Paso 7.** Ahora es momento de "rehacer la historia". Y para dejarlo bien claro, lo ejemplificaré con lo que manejé con un paciente hace poco: una vez que llevó a cabo el paso 6, tomó a su niño y, simplemente desplazándose un poco por el espacio, se dirigió mentalmente a una habitación de la casa donde se encontraba su mamá, quien tanto lo golpeó cuando era niño. Le dijo: "Mamá, gracias porque me diste la vida, porque la vida es sagrada; gracias por lo bueno que me diste. Quiero decirte que la forma en que me trataste cuando era niño, con tanta violencia y desamor, me ha afectado mucho en la vida. Ahora que soy un adulto, he venido a rescatar a… (mencionó su nombre o su apodo de niño). Yo lo voy a proteger; no permitiré que lo sigas golpeando. Mamá, te agradezco lo bueno que me diste, y tu responsabilidad por todo lo demás, la dejo contigo". Y salió de la habitación.

**Paso 8.** Ahora viene el momento de tomar una decisión. No hay formas correctas ni incorrectas. Lo que sientas que es adecuado para ti, eso es lo que debes elegir, y tu elección está bien. Debes decidir si te llevas contigo a tu niño o si lo dejas ahí, en ese punto del camino donde lo encontraste. Si tu decisión es dejarlo ahí, entonces te despides de la manera que quieras, recordándole que en cualquier momento que te necesite, puede llamarte y tú lo consolarás y le darás amor. Si tu elección fue llevarlo contigo, le tomas de la mano. Sea cual haya sido tu decisión, ahora da la media vuelta, de manera que el pasado quede atrás, y lentamente avanza hacia el presente, que es el punto de partida desde el cual iniciaste el ejercicio hace unos minutos. Una vez que llegues al punto donde SIENTAS que es el presente, haz algunas respiraciones lentas y profundas, ubicándote muy bien en el aquí y el ahora. Y desde tu presente (sin importar si elegiste traer al niño o dejarlo atrás), de nuevo da la media vuelta manteniendo los ojos cerrados, de manera que el pasado quede frente a ti. Desde tu corazón, envía un rayo de luz a ese camino que es tu pasado, mientras dices en voz alta algo así como: "Bendigo mi pasado tal como fue... Mi historia es sagrada... Honro mi historia y estoy en paz con ella". Tal vez no te nazca o no te creas del todo estas declaraciones, pero de todas maneras exprésalas. Una vez que has estado unos momentos enviando luz a tu pasado y emitiendo esa intención de reconciliación con él, entonces das la media vuelta de nuevo, para que tu pasado quede otra vez detrás de ti. Haz algunas respiraciones lentas y profundas... Ubícate muy bien aquí y ahora... Haz todo lo que necesites para cerrar este trabajo... Y a tu propio ritmo, cuando estés listo, abres los ojos.

Tómate un tiempo para descansar, para terminar de llorar, reflexionar, o para lo que necesites hacer. Siéntate, acuéstate, sal a caminar o haz lo que quieras, hasta que estés listo para continuar con tu día.

Una variante de esta herramienta es la siguiente: sigue cada uno de los cuatro primeros pasos, y, a partir del quinto, modifica el ejercicio así: al llegar al punto del pasado donde SIENTES que te tienes que detener, lo haces. Manteniendo los ojos cerrados das la media vuelta y te encuentras con la escena de esa vivencia que elegiste para trabajarla, la cual está sucediendo justo en ese momento. Vas a "rehacer la historia" interviniendo desde el adulto que ahora eres. Por ejemplo, al tomar al niño que está siendo maltratado y defenderlo retirándolo de mamá o papá, que lo violenta. Abrazarlo, consolarlo, decir algo como: "¡Basta ya! A partir de este día yo voy a proteger a esta criatura, no voy a permitir que siga este maltrato". Haz todo lo que sientas necesario para modificar esa escena. Haz todo lo que te hubiera gustado que un adulto hiciera para protegerte, cuando sufrías aquel maltrato. Y luego que retires a ese niño del lugar donde eso está sucediendo, explícale que no es su culpa, que él es un niño bueno y maravilloso que merece ser amado y protegido, y que ahora que eres adulto, tú lo harás. Abrázalo, consuélalo, dile y haz todo lo que quieras.

Luego continúa con el paso 8 y cierra el trabajo como te lo recomiendo en él.

Cuando trabajamos mediante cualquiera de estos medios terapéuticos, y con cualquier tipo de situación, nuestro inconsciente sigue procesando, modificando, sanando, aun después de terminar, y mientras continuamos con nuestras actividades normales del día o mientras dormimos.

Releo lo que acabo de escribir, y me quedo profundamente conmovida... Sin palabras... Y como estoy escribiendo este libro, requiero muchas de ellas... Por ahora dejaré aquí mi escritura... Mañana será otro día...

Pues bien, continuemos...

Existe una maravillosa psicóloga suiza llamada Vivienne Rauber, especialista, entre otras cosas, en terapia energética psico-Corporal.

Ella ha desarrollado unas hermosas y sanadoras técnicas que llama "Juegos curativos", dirigidas a distintos tipos de conflictos emocionales. Pero el que quiero resaltar aquí, es el que llama "juego curativo con los cinco dedos para sanar al niño interior". Realmente te recomiendo que vayas al *link* que aparece a continuación y veas sus videos en Youtube. Sin duda valen la pena: <https://www.youtube.com/watch?v=XJvuyWRQKeA>.

Hace un par de meses, invité a mi colega Xavier Rocha Macías* —quien ha trabajado profundamente con el tema de la sanación del niño interior— para que escribiera una parte de este capítulo, por el que ahora estamos transitando. Me dio mucha alegría que haya aceptado, porque su aportación enriquece este libro y, sin duda alguna, será de gran utilidad para ti. Xavier me entregó un texto en el que presenta algunos sanadores conceptos y cuatro ejercicios para sanar a tu niño interior.

He aquí su propuesta.

## De la víctima a la responsabilidad

Bendito dolor, ¿acaso hay algo que no puedas hacer? Me has hecho llorar, equivocarme, agredir, callar, enfermarme, aguantar, golpear, quejarme, y aun con todo esto, me has hecho lo que soy. Ahora te veo y agradezco porque me has enseñado que puedo darte un nuevo significado: me has conectado con mi fuerza interior, me has enseñado a que puedo reconocerme y permitirme sentirte, pues has sido un gran maestro; dejaste de ser una excusa y ahora me motivas a salir adelante. Ya no te niego, ahora te veo y te bendigo porque me recuerdas que aún sigo vivo y que hasta que no caiga la última hoja de mi árbol de vida, la esperanza de un nuevo amanecer siempre me acompaña.

---

* Xavier es terapeuta especialista en inteligencia emocional y en psicoterapia integral, facilitador de conferencias y talleres en desarrollo humano, así como maestro de hatha yoga y meditación.

El dolor físico y emocional son inherentes a la vida; en cuanto nacemos estamos expuestos a él, nadie queda exento, pero el sufrimiento es algo opcional. Si te rompes un brazo no puedes elegir que te duela o no, pero sí puedes elegir tu actitud ante el dolor, puedes quejarte todo el tiempo porque ya no puedes hacer las cosas como solías hacerlas con ambos brazos sanos, puedes echarle la culpa a alguien más sobre lo que te pasó, puedes lamentarte y estar de mal humor porque es incómodo, e incluso tienes la opción de hacerte la víctima diciendo: "Siempre me pasa todo lo peor, ¿por qué siempre a mí?, ¿por qué justo ahora?, todo es por culpa de..."

No puedes negar el hecho de que te rompiste el brazo, pero sí puedes tomar las riendas de la situación y ser sincero contigo: "Bueno, ya tengo la fractura, y ahora ¿qué puedo hacer con esto?"

Puedes aceptarlo, dejar de juzgarlo y no buscar culpables; es mejor enfocarte y actuar. No está en tus manos lo que ya pasó, pero sí tienes la bendición de decidir con qué actitud darás tu siguiente paso.

El pasado no determina tu presente. Cuando eres consciente de esto, es necesario ser valiente para responsabilizarte de tu presente. Dejar atrás los esquemas de pensamiento que te limitan: "Yo soy así porque mi padre o mi madre así eran también"; "Ésta es mi cruz y la tengo que cargar"; "Lo aprendí en mi niñez y eso me tocó vivir"; "Mis padres eran muy fríos y nunca me abrazaban, por eso yo tampoco lo hago"; "Siempre tengo mala suerte", entre muchos otros patrones de pensamiento que en realidad lo único que hacen es quitarte tu poder y cederlo a alguien más, viviendo como una víctima de las circunstancias o de las personas que te rodean. Por más duro que fue haber vivido alguna situación, siempre hay maneras de resignificarla.

El pasado puede representar una enorme carga, una justificación, un cúmulo de recuerdos, una añoranza, y también, momentos inolvidables, aprendizajes, imágenes que te hacen sonreír y miles de cosas más.

Pero todos hemos vivido situaciones difíciles que tal vez desearíamos borrar; se cree que sería mejor si no hubieran sucedido, que nuestra vida sería diferente si no hubiéramos tocado tanto el dolor en la niñez, pero una cosa es cierta: eso sucedió y uno no puede cambiar el hecho.

Liberarte del peso y el sufrimiento que viviste es una decisión de valientes, pues implica echarse un clavado a aquello que te hizo daño para darle otro significado. No puedes sanar lo que no ves. Así como Bert Hellinger lo propone desde un enfoque sistémico, al pasado hay que verlo, reconocerlo, agradecerlo y honrarlo.

Esta última palabra resulta clave, aunque es verdad que es complicado definirla: ¿qué es honrar? Tiene que ver con darle el lugar que le corresponde: respetar, permitir que sea y que exista. Al pasado hay que honrarlo, y no hablo de amarlo, perdonarlo, abrazarlo y hacer como si todo estuviera bien; ésos son otros conceptos.

Cuando viviste una situación dolorosa, resulta insuficiente que te pida que la ames y la liberes, porque en realidad antes de hacerlo hay que mirarla de frente para poder trabajar con ella; pero no significa revivir el dolor y ser un mártir.

Si visualizas tu vida como una casa enorme repleta de cuartos, habrá algunas habitaciones en las que te encante entrar, con recuerdos y vivencias agradables; algunas se encuentran cerradas y a oscuras, las cuales es más fácil ignorarlas y mantenerlas clausuradas; pero cuando deseas hacer una limpieza general lo primero que hay que hacer después de abrir la puerta, es prender la luz y mirar el polvo y las telarañas de la habitación aunque esto no sea tan atractivo; pero es la única manera de comenzar a limpiarla.

Las situaciones desagradables, difíciles o traumáticas, que se viven en la infancia, si no se miran y se trabajan, siempre terminarán repercutiendo en lo que hagas. Es como cuando preparas una comida: si agregas algún condimento con sabor muy fuerte, no importa qué más agregues posteriormente, el sabor de lo que prepares siempre se verá afectado. La maravilla del ser humano es que tiene la capacidad de mirar con conciencia lo que vivió en el pasado y resignificar lo sucedido, para seguir caminando en la vida de una manera más sana y amorosa.

# Tu niño y tú

Los niños están predispuestos de manera natural al amor y al afecto, siempre esperan recibir cuidados y atenciones, son tan vulnerables que primero deben ser amados para después ser capaces de amar. Cuando el afecto fue limitado y su entorno agresivo, el niño aprende conductas de defensa que sugiere el cerebro reptiliano como un mecanismo para la supervivencia. Puede aprender a huir, a atacar o a congelarse. Cualquier reacción defensiva, por complicada que parezca, tiene su base en estos tres principios.

Cuando un adulto no recibió el afecto y el cariño que necesitaba cuando fue un niño, tendrá dificultades para relacionarse de manera amorosa con las personas y con su entorno. Los niños se caracterizan por un optimismo y una confianza en el mundo que los rodea; cuando un niño recibió maltrato físico por parte de sus padres o tutores, crea una coraza que lo protege pero al tiempo lo separa de su entorno.

San Agustín dice: "El hombre desea ser feliz aun cuando viva de tal modo que haga imposible la felicidad"; es tiempo de ser responsable de tu vida y de que tú propicies tu felicidad.

Te propongo una serie de ejercicios donde cerrarás los ojos hacia fuera para abrirlos hacia adentro. Si tu objetivo es hacer una limpieza para liberar lo que te estorba o lo que ya no necesitas, date este regalo. He tomado algunas propuestas de John Bradshaw y de Elvira Halabe Cheren, expertos en trabajo terapéutico con el niño interior, y con base en mi experiencia profesional te invito a recorrer un camino que pudiera ser sinuoso o ligero, lleno de aprendizaje y de encuentros, de liberación, pero al único lugar que llevará es a ti mismo.

## Ejercicio 1. El camino de encuentro

Para realizar este ejercicio puedes pedir a quien le tengas confianza que te ayude a leer las indicaciones mientras tú haces la visualización; otra opción es que grabes tu voz haciendo una lectura del ejercicio en cualquier dispositivo electrónico. Tómate tu tiempo y realiza una lectura consciente de cada palabra.

Busca un lugar tranquilo, de preferencia silencioso y armónico, que te permita concentrarte. Deja lejos tu celular y cualquier objeto que pueda distraerte. Cuando estés en el lugar apropiado, siéntate en una postura cómoda con la columna recta; puede ser en una silla, sobre un cojín o en algún sillón, o donde prefieras (evita acostarte); revisa que tu posición sea lo más placentera posible para que puedas enfocarte en un trabajo introspectivo.

Comienza haciendo tres respiraciones profundas y conscientes, involucra a tu estómago, inflándolo al inhalar, y permite que tus pulmones se llenen de un aire fresco y renovador. Al exhalar por la nariz, desinfla tu estómago y hunde tu ombligo como si quisiera tocar tu columna vertebral sacando todo el aire. Al finalizar estas tres respiraciones permite que el aire fluya constantemente y de una manera libre, visualizando que recorre todo tu cuerpo.

Cierra los ojos lentamente y continua enfocando tu concentración en tu respiración; inhala profundamente y exhala por la nariz. Cualquier pensamiento que aparezca, lo observas, permites que suceda y lo liberas. No busques tener la mente en blanco, el objetivo es ser consciente de tu presente y respirar profundo.

Conéctate con una parte de ti que es sabía e infinita y siente cómo tu respiración es la mejor herramienta para que todo tu cuerpo descanse; al exhalar, cualquier molestia desaparecerá junto con el aire que sueltas. Permite que tus órganos internos también disuelvan cualquier tensión que pueda existir; siente cómo optimizan sus funciones y descansan. Tu respiración es lenta y profunda; esto te ayudará a relajar todo tu cuerpo.

Imagina que te encuentras en tu lugar favorito en la naturaleza: puede ser en la playa, en una montaña, en el bosque, en la selva o en cualquier sitio que te encante. Caminas por un hermoso sendero y te acompañan los sonidos característicos de aquel lugar; disfrutas el paisaje y notas cada uno de los detalles que te rodean; es justo tu hora favorita del día, la temperatura es muy acogedora y todo el entorno te invita a estar en paz y en armonía.

Continuas avanzando por el camino, miras a un costado y te encuentras con una puerta que te llama mucho la atención; te acercas

SANAR A TU NIÑO INTERIOR

más hacia ella: está rodeada de vegetación y pareciera que hace mucho tiempo no se abre. Miras su contorno y te das cuenta de que está labrado cuidadosamente formando figuras y delicados adornos. En tu bolsillo llevas una llave antigua que tiene tus iniciales grabadas en la parte superior. La tomas con tus manos y notas su peso; la colocas en la cerradura y le das vuelta. Con un rechinido la puerta se abre y con toda seguridad das unos pasos y entras.

Ahora estás en tu casa de la infancia; puedes notar todos los detalles: el aroma característico de tu hogar, los sonidos que siempre escuchabas, los adornos en la pared, el color de los muebles, la luz en los espacios; puedes sentir la temperatura y visualizas cualquier detalle que era importante para ti.

Dirígete a aquel espacio donde solías jugar y pasabas mucho tiempo divirtiéndote; date la oportunidad de recorrer con la mirada todo el lugar. *(Haz una pausa de algunos segundos.)*

A lo lejos podrás mirar a un pequeño, apenas notas su contorno borroso. Comienzas a caminar hacia él; mientras te acercas más te das cuenta de que eres tú de niño; traes tu ropa favorita, los zapatos que tanto te gustaban, tal vez llevas aquel juguete tan especial para ti. Miras tu carita, tus pequeñas manos, y esos ojos llenos de luz que reflejan amor.

Él quiere hablarte, te estaba esperando, date un momento para escucharlo, tiene mucho que decirte. *(Pausa de un minuto, por lo menos.)*

Pregúntale cómo se siente, qué es lo que necesita. *(Pausa.)*

Permite que las imágenes y los recuerdos aparezcan. Tú eres un espectador, sólo miras las imágenes sin revivirlas; es como verlas en una enorme pantalla. Todo el tiempo eres un observador.

Acércate a tu niño y tómalo de sus manitas; dile las palabras que necesita escuchar. *(Pausa.)* Dale un abrazo y siente cómo sus brazos rodean tu cuello; apretándolo con fuerza; dile que no lo dejarás solo porque ahora tú te harás cargo de él, que sabes que hay muchas cosas que le duelen pero si ambos trabajan juntos lograrán superar las dificultades; abrázalo con fuerza y dile lo que necesita escuchar. Despídete diciéndole que pronto volverás y lentamente permite que regrese a jugar. Mientras lo ves alejarse graba en tu corazón las sensaciones que te produjo este maravilloso encuentro.

Poco a poco te giras y te das cuenta de que la puerta por la que entraste está a unos pasos de ti. Te diriges hacia ella y la cruzas. Una vez más te encuentras en aquel lugar en la naturaleza tan especial para ti; sientes el clima tal como te gusta, que te abraza y te reconforta. Respiras profundo para llenarte de aquel aire fresco que te da libertad. Te envuelves en la tranquilidad de la naturaleza. *(Pausa.)* Y lentamente comienzas a ser consciente de tu cuerpo físico, del ritmo de tu respiración; inhalas inflando el estómago y exhalas por la nariz sacando todo el aire. Nota los sonidos que te rodean y realiza movimientos suaves con los dedos de tus manos y de tus pies. Regresa la fuerza a todo tu cuerpo. Cuando te sientas listo abre los ojos.

Tómate tu tiempo para asimilar lo que viviste y contesta estas preguntas:

1. ¿Cómo se siente tu niño?
2. ¿De qué te diste cuenta?

Si te resultó complicado o no pudiste visualizar a tu niño, no te reproches ni te desesperes por eso; date la oportunidad de intentarlo en otra ocasión. Poco a poco los bloqueos desaparecerán y te será más sencillo lograrlo.

Para el cerebro no existe el tiempo; gracias a esto en las terapias psicológicas puedes trabajar con cualquier evento de tu pasado y lograr sanar las heridas. Bajo este fundamento cualquier sentimiento no resuelto en la niñez sigue rigiendo de manera inconsciente nuestras relaciones y la manera en que interactuamos con el mundo.

Cuando cierto evento en tu presente actúa como disparador (recordador) de algún sentimiento no resuelto durante tu niñez, automáticamente, más rápido que un parpadeo, el cerebro reptiliano se activa; básicamente despierta tus instintos de supervivencia, te obliga a reaccionar como lo hiciste cuando eras niño y sobreviviste a esa situación.

SANAR A TU NIÑO INTERIOR

Por ejemplo, si de niño sufriste agresiones físicas y no fuiste capaz de defenderte, y el enojo, la impotencia y el dolor que sentiste quedaron guardados en tus "habitaciones cerradas" y no has trabajado con ellas, cuando veas que alguien golpea a un niño, inconscientemente este disparador te conectará con tus sentimientos no trabajados de cuando tú fuiste golpeado, y despertará en ti al niño herido y volverás a sentir enojo, impotencia, dolor, etcétera. Un mecanismo de proyección. Estas reacciones descalifican totalmente tu capacidad de manejar tus sentimientos debido a que resultan casi involuntarias; lo único que puede hacer la diferencia es la conciencia.

Te propongo una manera de despertar tu conciencia para manejar tus emociones. De preferencia no hagas este ejercicio el mismo día que la visualización. Si estás en un proceso psicológico con algún terapeuta o estás medicado por algún psiquiatra es necesario consultarlo y preguntar si es apropiado para ti realizar los siguientes ejercicios.

## Ejercicio 2. Descongestión corporal

Necesitas una fotografía donde aparezcas tú cuando eras niño; si no tuvieras alguna, sustitúyela con algo que pueda representar o que evoque tu niñez; algún muñeco puede ser otra opción.

Siéntate en una postura cómoda que te permita concentrarte, haz un par de respiraciones profundas para liberar la tensión que pudieras tener, cierra los ojos y comienza por ser consciente de tu cuerpo; esto significa hacer una revisión y sentir desde la punta de tus pies, pantorrillas, rodillas, piernas, cadera, genitales, abdomen, pecho, cuello, brazos, manos y cabeza. Puedes hacerlo tan minucioso como prefieras. Permítete recordar alguna situación de violencia física que hayas vivido durante tu niñez; visualiza a las personas involucradas y las acciones que realizan, y como en una pantalla de televisión mira aquellas escenas que fueron duras para ti. Es muy importante que estés consciente de que eso no te está sucediendo ahora: únicamente eres el "observador de aquellas imágenes".

81

Mientras el recuerdo aparece vuelve a poner atención a tu cuerpo, y sé muy cuidadoso notando los cambios que se presentan; tal vez tengas tensa la mandíbula, o los puños apretados, tal vez sientas una opresión en el pecho o un nudo en la garganta, cansancio en los ojos o pesadez en la espalda. Las sensaciones pueden manifestarse desde la punta de tus pies hasta tu cabello; puede ser un cambio de temperatura, sudoración, tensión, pulsación, dolor, comezón, etcétera. Continúa con los ojos cerrados; es muy importante que te fijes muy bien lo que pasa con tu cuerpo cuando recuerdas esa situación difícil.

Nota una a una las sensaciones que tienes y pronúncialas en voz alta, con los ojos cerrados y ambas manos en el corazón (comienzas con tu nombre, como te decían en tu niñez). Por ejemplo: "Lupita yo sé que cuando te golpeaban apretabas los nudillos y la mandíbula (ennumera las sensaciones), sé que sentías un nudo en la garganta y no podías gritar, sé que te dolía la cabeza y sentías un hueco en el pecho"; (mientras pronuncias lo que le sucede a tu cuerpo respira profundo y al exhalar por la boca libera esa sensación; puedes hacer varias espiraciones hasta que desaparezcan una a una las sensaciones que aparecieron, descongestionando cualquier malestar). Continúa diciendo: "Pero ahora yo estoy contigo, yo soy un adulto y de esto yo me hago cargo. Lupita, tú quédate en mi corazón". Quédate con las manos en el pecho el tiempo que sea necesario para ti; posteriormente, poco a poco, abre los ojos y toma tu fotografía o el objeto que elegiste, míralo con detenimiento y vuelve a repetir: "Lupita, ahora yo estoy contigo, yo soy un adulto y de esto me hago cargo yo, tú quédate en mi corazón". Y lleva la foto u objeto a tu pecho y realiza tres respiraciones profundas para terminar.

Es importante respetar la estructura principal de las frases: siempre debes comenzar con tu nombre (el de tu niñez) y después agregar: "Sé que cuando te golpeaban, sentías una opresión en el pecho..." (agrega la descripción de tus sensaciones): "Sé que cuando te gritaban, tus hombros se hundían, etcétera..." dependiendo de la situación de violencia que desees trabajar. Siempre termina diciéndote "pero ahora yo estoy contigo, yo soy un adulto y de esto yo me hago cargo (tu nombre o como te decían cuando eras niño), tú quédate en mi corazón".

Este ejercicio puedes repetirlo con cualquier situación que hayas vivido en tu niñez; evita decir frases como "todo está bien" o "no pasa nada", pues al decirlas niegas el dolor y vuelves a cerrar la puerta de esos sentimientos; la clave es mirarlos de frente, aceptarlos y hacerte cargo de ellos.

Cada sentimiento, cuando te permites vivirlo y resignificarlo te da un regalo; por eso es tan importante que te permitas todo tipo de sentimientos y no reprimirlos, pues las emociones no se reprimen ni se controlan, más bien se aprenden a manejar; esa es la propuesta de la inteligencia emocional.

He aquí algunos ejemplos de estos regalos:

- El enojo te da el regalo de tu fuerza personal para poder defenderte; sin necesidad de ser agresivo puedes utilizar la energía del enojo para poner límites, y si no te permites vivir este sentimiento estarás en la sombra de los demás.
- El miedo te sirve para protegerte; cuando te permites sentirlo te regala la oportunidad de pensar dos veces lo que harás y no ser impulsivo.
- La tristeza te da el regalo de la introspección, la oportunidad de echarte un clavado dentro de ti e ir más profundo de lo que normalmente sueles estar, y puede ser una fuente ilimitada de autoconocimiento y el detonante para el cambio.
- La alegría sirve para vitalizarte; basta con recordar alguna situación que te haya hecho feliz y podrás sentir una energía que revitaliza tu cuerpo.
- El afecto te regala la oportunidad de relacionarte y crear vínculos con otras personas y contigo mismo.

Y así, una lista interminable de sentimientos que, en cualquier caso, si estás atascado en alguno de ellos, es igual de tóxico que el no permitirte vivirlo.

Estas propuestas que trabajan con la niñez resultan muy bien si van acompañadas con el siguiente ejercicio:

## Ejercicio 3. Abrazo reconciliador

Consigue un muñeco o una muñeca, según sea el caso, que te recuerde a ti cuando eras niño, ya sea que busques y compres alguno con características físicas que se parezca a ti, o que tengas uno que sea significativo por algún valor emocional que tú le des, es muy importante que sea tuyo.

Diariamente tómalo en tus brazos y repítele frases amorosas como:

- Eres especial para mí
- Ahora yo estoy contigo
- Yo te enseñaré a confiar en ti
- Nunca te abandonaré, pase lo que pase
- Te amo incondicionalmente
- Gracias por los aprendizajes que me das
- Ahora estás seguro, pues yo te cuido

Agrega las frases o las palabras que quieras decirle a tu niño; incluso puedes realizar actividades con tu muñeco o tenerlo en un lugar especial que te recuerde, cada vez que lo mires, que hay una parte de ti que espera que lo escuches y que lo atiendas. Habrá veces que te pida hacer algo como jugar en el parque y subirte a un columpio; será tu decisión si te das permiso o no. La vida es un instante para preocuparnos tanto por el qué dirán.

Al principio puede ser difícil, e incluso puedes pensar que la idea de trabajar con un muñeco resulta ridículo o inapropiado, pero cuando te permitas hacerlo comenzarás a notar los cambios en ti. Ésta es justamente la manera de hacerte cargo de tu presente y dejar de ser una víctima de tu pasado.

El último ejercicio que te propongo conjuga elementos de gimnasia cerebral que estimulan nuevas conexiones neuronales (sinapsis) que hacen posible la reestructuración de patrones de pensamiento. Los científicos hablan de la plasticidad del cerebro y de su capacidad de adaptarse a nuevas circunstancias y a su entorno. Mientras más estimules ambos hemisferios del cerebro tendrás mayor probabilidad de desarrollar tus capacidades físicas, intelectuales y emocionales, lo cual repercutirá en tus relaciones interpersonales e intrapersonales.

## Ejercicio 4. Querido yo

Toma dos hojas de papel y un bolígrafo. En la primer hoja redactarás una carta usando la mano que normalmente no utilizas (si eres diestro escribirás con la izquierda, y viceversa); quien la escribe será tu niño interior y la dirigirá hacia a ti, comenzando con: "Querido Fernando" (usa tu nombre). Puede ser un poco complicado, ya que es probable que no tengas mucha práctica escribiendo de esta forma, pero no hay un mínimo o un máximo para tu carta; puede ser un párrafo o lo que tu niño prefiera escribirte. No importa que no sepas cómo comenzar, simplemente permite que fluyan la palabras. Al finalizar, en la parte inferior escribe tu nombre, como te decían de niño, como remitente. Al terminar, léela en voz alta.

Posteriormente toma la segunda hoja; ahora le contestarás a tu niño, escribiendo con la mano que normalmente utilizas, comenzando con: "Querido Fer" (usa tu nombre). Date permiso de decirle a tu niño todo lo que te nazca, no hay límite para tu redacción. Al final escribe tu nombre y agrega tu firma. Lee tu carta en voz alta.

Puedes hacer este ejercicio las veces que desees cuando tú lo prefieras. Es muy sano mantener una comunicación con tu niño, pues aun cuando tengas ochenta años existirá dentro de ti un niño curioso, espontáneo, con miedos e incertidumbres que siempre necesitará ser amado.

Para liberar tu corazón y tu mente, el primer paso es que quieras hacerlo. Reinvéntate cada día y date la oportunidad de aprender de tus caídas; la vida es un instante para cargar la enorme lápida firmada por el pasado, y soportarla sólo hará más cansado tu camino.

No niegues lo que fuiste; más bien intégralo a ti, deja de controlar tus emociones y mejor aprende a manejarlas. Ya no excluyas los recuerdos difíciles, mejor resignifícalos y valóralos como maestros, y deja de ser una víctima y reconócete como un ser de infinitas capacidades.

"Nuestro temor más profundo no es que somos inadecuados. Nuestro temor más profundo es que tenemos poder más allá de toda medida. Es nuestra luz, no nuestras tinieblas, lo que nos atemoriza. Nos preguntamos: ¿quién soy para ser brillante, maravilloso, talentoso y fabuloso? En realidad, ¿quién eres tú para no serlo?... Cuando permitimos que nuestra propia luz brille, inconscientemente le damos permiso a la otra gente para que haga lo mismo. A medida que nos liberamos de nuestro propio temor, nuestra presencia automáticamente libera a los demás."

MARIANNE WILLIAMSON

Y para rematar con broche de oro estos hermosos ejercicios para sanar a tu niño interior, te recomiendo que algunos días después de llevarlos a cabo encuentres una foto de cuando eras niño. La que te llame la atención, sin decidirlo racionalmente; la que te atraiga mientras las revisas. No importa la edad; no importa si no te gusta cómo te ves en ella. Una vez que la separes del resto, puedes ponerla en tu cartera o conseguir un portarretrato para exhibirla en un espacio que sea tuyo, excepto en el buró de tu recámara. Las fotos de los niños no deben estar en los buros, ni siquiera las de nuestros hijos. Esto se debe a la importancia de respetar el orden de la vida: cada cosa tiene un lugar y una función. Tu recámara, y todo lo que en ella hay, como tu buró, es tu espacio personal y extremadamente íntimo. Tuyo y sólo tuyo. En ese espacio lloras, ríes, te desnudas, piensas, descansas, haces el amor. La recámara es un espacio privado, pero nuestro buró es tal vez lo más personal que tenemos en casa. Y aunque la foto de tus hijos y de tu niño interior es muy personal, la recámara y el buró son espacios de adultos. Los niños se quedan afuera. Así que una vez que has elegido algún lugar de tu espacio para la foto, mírala con frecuencia, háblale de vez en cuando, tenla presente. Esto te ayudará en el proceso de sanar a tu niño interior.

Después de que hemos hecho contacto con nuestro niño interior, es importante mantenernos cerca: consolarlo cuando está triste, darle confianza cuando la pierde y seguridad cuando tiene miedo, etcétera. Generalmente, los sentimientos como enojo, miedo, inseguridad, angustia, tristeza, soledad, vienen de nuestro niño interior. Al experimentarlos podemos hablarle y consolarlo con frases como las siguientes:

- Aquí estoy contigo
- No te preocupes, yo me haré cargo de resolver esto, ya soy un adulto, y si no puedo hacerlo, buscaré ayuda
- Te veo, te escucho, aquí estoy
- Sé que te sientes triste, ¿qué necesitas?

Pues bien, tienes en este capítulo un ramillete de útiles propuestas para sanar a tu niño interior herido, maltratado, asustado, solitario. Puedes experimentar una a una, a tu ritmo, tomándote el tiempo que requieras entre una y otra o vivenciar alguna más de una vez.

Si no hemos sanado a nuestro niño interior, cuando somos adultos —sin importar la edad— vivimos la vida filtrada a través del dolor, el enojo y la frustración de la infancia, lo cual contamina todas nuestras vivencias y relaciones adultas. El resultado de sanar a nuestro niño interior herido es la paz y la posibilidad de rescatar las maravillosas cualidades de los niños sanos: curiosidad, alegría, confianza, creatividad y enorme entusiasmo por la vida.

**CAPÍTULO 6**

# ¿POR QUÉ SE GENERAN LOS CONFLICTOS ENTRE PADRES E HIJOS?

El conflicto es parte de la vida. Se presenta en todo tipo de personas y relaciones, y se produce como resultado de intereses y deseos opuestos y contradictorios. Sucede tanto en las relaciones entre las personas como dentro de uno mismo, lo cual podríamos denominar "conflicto interno". Esto es, cuando una parte tuya quiere algo y la otra lo opuesto; cuando una dice sí y la otra no. Sea interpersonal o intrapersonal, el conflicto siempre provoca estados emocionales dolorosos como enojo, tristeza, confusión y ansiedad. Para poder manejarlos de manera sana y exitosa, debemos comenzar por desechar el paradigma de que las buenas familias no tienen conflictos. Eso es falso. En todas las familias y en cualquier otro tipo de relación sucederán. Pero, eso sí, la diferencia entre una familia sana y una disfuncional es que la primera está dispuesta a reconocerlos cuando se presentan y a buscar soluciones a los mismos.

Siendo el conflicto parte de la vida, me parece que se le debería dar gran importancia a la enseñanza de herramientas para la resolución de aquél. En mi opinión, hasta debería haber una materia al respecto en los programas académicos escolares, lo cual nos serviría para toda la vida, tanto en el contexto familiar, como en el social y en el laboral. Hay infinidad de factores que pueden ser causa de conflictos, aunque los más comunes son la percepción, las diferencias individuales, las fallas naturales en la comunicación, la necesidad de tener razón, la incapacidad de empatizar y ciertos aspectos del medio ambiente que pueden generarlos. Por su importancia, profundizaremos un poco más en cada uno.

## La percepción

Podríamos definirla como el proceso mediante el cual seleccionamos, organizamos e *interpretamos* los estímulos que recibimos por medio de todos los sentidos. Resalto la palabra "interpretamos", porque la forma en que lo hacemos le da un significado a lo que percibimos, y este hecho es clave para identificar por qué la percepción puede ser una causa de conflictos entre las personas. Existen dos tipos de percepción: la *estructurada* y la *no estructurada*. Un ejemplo de la primera es que cualquier persona que vea este objeto sabrá que es una manzana.

A menos que dicha persona sea esquizofrénica o psicótica, podría verla de otra forma, pero los neurotiquitos normales, como cualquiera de nosotros, sabemos que es una manzana. Así pues, en la percepción estructurada no hay pierde.

Pero en la percepción *no estructurada,* el asunto es diferente, ya que cada uno interpreta el mismo hecho de manera distinta, de acuerdo con sus valores, creencias y experiencias de vida. Este tipo de percepción es la que propicia los conflictos. Veamos la siguiente imagen:

## ¿POR QUÉ SE GENERAN LOS CONFLICTOS ENTRE PADRES E HIJOS?

En diversas ocasiones, durante algunos de mis talleres he presentado esta imagen en pantalla grande a un grupo de personas y les he pedido que me cuenten una historia sobre ella. Me he encontrado con tantas interpretaciones como personas en el grupo. Algunos dicen que es una joven estudiante de medicina; otros la ven como una doctora madura y experimentada. Algunos afirman que está consternada porque se le acaba de morir un paciente en cirugía; otros la ven feliz porque logró una curación casi milagrosa, y otros más la ven exhausta porque ha estado trabajando muchas horas. Algunos cuentan que vive sola y no tiene hijos, otros la ven embarazada; otros más la consideran felizmente casada, con hijos y nietos, y para otros está en proceso de divorcio porque su esposo se opone a su carrera. Para algunos está pasando por una crisis existencial que la lleva a desear dejar la medicina, y otros la ven plena y satisfecha con su trabajo. Y esto es sólo la descripción de la mujer; pero cuando pido que me cuenten más sobre su vida, las variantes de la historia podrían ser materia de una novela o de un libro completo... ¡Y todas diferentes!

Existen algunas pruebas proyectivas como el test de apercepción temática (TAT) que utilizan esta herramienta que consiste en inventar historias sobre diferentes escenas, para interpretar las proyecciones inconscientes que el paciente expresa por medio de ellas. Es fascinante ver todo lo que se puede conocer por este medio. Pero, volviendo al asunto que nos ocupa, es fácil comprender el porqué de las diferentes formas en que cada uno percibimos algo, es una de las causas más comunes de los conflictos entre las personas y, en este caso, entre padres e hijos.

## Las diferencias individuales

¿Por qué la gente tiene que pensar, desear y ser como tú lo deseas? Desde mi muy personal punto de vista, aceptar que el otro piensa, siente, actúa y *es* diferente, y que además está en su derecho, es uno de los asuntos más difíciles de las relaciones humanas. De la misma forma, comprender, aceptar, respetar este hecho y actuar en consecuencia es un signo de madurez y de salud psicológica.

Lo que cada uno somos es producto de nuestros genes, nuestra crianza, nuestras experiencias de vida que van perfilando nuestra personalidad y forma de vivir. El no comprender esto nos vuelve intolerantes a esas diferencias y, por consiguiente, más propensos a tener conflictos con las personas con quienes interactuamos. En realidad, las diferencias enriquecen una relación.

## Las fallas naturales en la comunicación

Mientras tengo más años, más me asombra lo difícil que es la comunicación, los muchos bemoles y recovecos que tiene y, al mismo tiempo, lo importante que es para el éxito de las relaciones. Hace poco leí esta frase de George Bernard Shaw que me pareció simplemente ¡brillante!: "El mayor problema con la comunicación es la ilusión de que tuvo lugar". Es una expresión tan perfecta, verdadera y profunda, que no necesita elaboración ni explicación.

Pues bien, haciendo lo más adecuado que podamos hacer para mejorar nuestra forma de comunicarnos, hablemos de una de las fallas más comunes en la comunicación entre las personas, que es el uso de un lenguaje subjetivo y ambiguo. Mientras más lo sea, más se prestará a malas interpretaciones y, en consecuencia, a confusión y conflictos. En mi práctica profesional, constantemente lidio con este tipo de lenguaje, frente al cual tengo que estar muy atenta para pedir aclaración y lograr un óptimo entendimiento de la situación que me cuenta el paciente y una óptima comunicación con éste. Siempre me sorprende cómo la mayoría de las personas se expresa de

## ¿POR QUÉ SE GENERAN LOS CONFLICTOS ENTRE PADRES E HIJOS?

forma confusa y subjetiva y ni siquiera se da cuenta. Veamos algunos ejemplos concretos que nos aclararen este punto.

Tu hijo adolescente te dice: "Es que tú no me comprendes", y tú le respondes como si entendieras a la perfección a qué se refiere, diciéndole algo así como: "Claro que te comprendo" o "Tú eres el que no me comprende a mí". O, si te toma de malas, tal vez respondas: "Pues, ni modo, hago lo mejor que puedo" o "Sí, soy la peor madre (o padre) del mundo".

Si tu niña se queja de que no la apoyas o no la ayudas, tu respuesta será algo como: "Eso no es verdad, siempre te ayudo", dando por hecho que entiendes de qué está hablando.

Palabras subjetivas como esas significan algo diferente para cada uno de nosotros. Qué pasaría si en lugar de las respuestas que das normalmente, dijeras algo como lo siguiente:

- ¿Qué necesitas que haga para que sientas que te comprendo (apoyo, ayudo, etcétera)?
- ¿Qué te haría sentir que te quiero mucho?
- ¿Cómo quieres que te diga las cosas para que no sientas que te estoy regañando?
- ¿A qué te refieres cuando me dices que te ayude? Dime específicamente cómo quieres que lo haga.

De la misma forma, cuando tú pides o expresas algo, hazlo evitando la subjetividad y la ambigüedad. Puede ser que le digas a tu hijo: "Hoy te toca ordenar la cocina después de la cena". Un rato después vas a revisar y te pones furioso porque en tu opinión no lo hizo adecuadamente, pero tu hijo jura y perjura que sí. Entonces le muestras que no limpió la estufa, que no secó ni acomodó los trastes en su lugar, que lo que sobró de comida no lo puso en un recipiente dentro del refrigerador, etcétera.

Así también, puede ser que a tu niño le digas: "Si te portas bien durante toda esta tarde, mañana te llevo al cine". Pasa la tarde, y a la mañana siguiente tu hijo te pregunta a qué hora irán al cine, pero tú le responden que no irán porque le advertiste que lo harían sólo si se portaba bien. Tu hijo llora desconsoladamente porque jura que se portó bien y tú insistes en que no fue así.

La realidad es que para un niño o un adolescente "arreglar la cocina" o "portarse bien" significa algo muy diferente a lo que piensan sus padres. A veces, cuando son pequeños, ni siquiera entienden qué rayos significan esas cosas exactamente. Pero si eres una madre o un padre que saben comunicarse, dirás algo así:

"Cuando te pido que arregles la cocina me refiero a que seques y guardes los trastes que lavas, limpies las migajas de la mesa, limpies la estufa de esta manera, guardes en un recipiente lo que sobró, etcétera."

"Si toda esta tarde me haces caso a la primera cuando te pido algo, por ejemplo, apagas la tele cuando te lo pido, te metes a bañar cuando te digo, recoges todos tus juguetes y los pones en el cesto, mañana te llevo al cine."

Nunca des por hecho que el otro entiende exactamente a qué te refieres con lo que dices; créeme, no es así. Los niños, los adolescentes y los adultos necesitamos lenguaje claro, concreto, específico. Desarrolla el hábito de comunicarte de esa forma y evitarás muchos malentendidos y conflictos:

- Necesito que me ayudes a llevar las cajas al clóset.
- Te quiero platicar algo, pero por favor no me des consejos ni soluciones; sólo escúchame.
- Cuando te hablo y no me miras siento que no me escuchas. Esto que te voy a comentar es muy importante para mí y te pido que me veas a los ojos.
- Me pediste que te ayude con tu proyecto. ¿Específicamente qué quieres que haga?

## La necesidad de tener razón

Hace tiempo, durante una reunión, observé a dos amigos que discutían acaloradamente sobre un asunto referente a algunos conceptos de arquitectura e ingeniería. Como soy totalmente ignorante del tema, eso me dio la oportunidad de simplemente observar, sin involucrarme, ya que, aunque hubiera querido opinar, no habría podido hacerlo. Pasó como media hora y ellos seguían discutiendo, pero el tema ya había cambiado de dirección y ahora se trataba de un asunto de percepción y opiniones personales sobre nutrición. Unos minutos después, discutían sobre si los libros de autoayuda eran útiles o no, y un rato más tarde debatían sobre cuál era la mejor marca de vino tinto chileno. Lo único que interrumpió su discusión fue que la comida se sirvió.

Fue muy interesante observarlos y darme cuenta de que todo el tiempo que duró su discusión, siempre se trató de asuntos de opinión personal. Y aunque cada uno tenía el derecho de tener la suya, el otro invariablemente lo descalificaba y quería convencerlo de la propia. Reflexioné al respecto, recordando cuántas veces yo he hecho lo mismo y cuán común es que actuemos de esa manera.

La necesidad de tener razón puede llevarnos a estados emocionales muy desagradables, como una gran frustración e impotencia por no lograr que el otro reconozca que uno está en lo correcto y que el otro está equivocado. "A veces la gente prefiere tener razón que ser feliz", leí por ahí alguna vez. Sacrificar el propio bienestar y el de una relación por tener la razón, simplemente no vale la pena. Por eso, cuando me enfrasco en una de esas luchas de poder por tener la razón, encuentro sumamente útil practicar los siguientes manejos según se acomoden al caso:

- Reconozco la parte de verdad que hay en lo que dice la persona con la que estoy discutiendo; siempre la hay. Y luego digo algo como: "Tienes razón, he estado muy callada toda la noche", etcétera, según sea el caso.

- Escucho con atención y respeto su opinión, recordándome a mí misma que está en todo su derecho de tenerla y de expresarla. Le digo algo como esto: "Aunque mi opinión es diferente a la tuya, me parece muy interesante lo que dices".

Al seguirlos te darás cuenta de cómo cambia tu sentir y la actitud de la otra persona.

En las relaciones entre padres e hijos, esta necesidad de tener la razón se manifiesta con frecuencia y en todo su esplendor, sobre todo cuando son adolescentes o jóvenes. En el próximo capítulo, hablaré más detallada y específicamente acerca de por qué no es conveniente enfrascarnos en discusiones con nuestros hijos y cómo lograrlo.

La escritora Evelyn Beatrice Hall enunció una frase increíblemente sabia que, por error, se le ha atribuido a Voltaire: "No estoy de acuerdo con lo que dices, pero defenderé con mi vida tu derecho a expresarlo".

## La incapacidad de empatizar

Empatizar significa poseer la capacidad de sentir empatía, es decir, de percibir una situación desde los ojos, los sentimientos y el punto de vista del otro. Dicho de manera coloquial, es la habilidad de "ponernos en los zapatos" del otro.

Existen expresiones como ésta: "Los niños y los adolescentes son crueles", que con frecuencia parecemos confirmar cuando vemos a niños o adolescentes burlándose de uno que tiene algún defecto físico, o de la persona a la que el maestro regañó y lloró de vergüenza, o del sujeto al que le sucedió algo desagradable. Muchas veces nos encontramos con la incapacidad de los chicos para empatizar.

La realidad es que la parte del cerebro que tiene que ver con la empatía y la compasión, ubicada en la corteza frontal, todavía no está desarrollada en niños y adolescentes. Por ello debemos enseñarles a ser compasivos y empáticos, y tal cosa es posible. El consejero

###### ¿POR QUÉ SE GENERAN LOS CONFLICTOS ENTRE PADRES E HIJOS?

juvenil Michael Pitchard y el maestro Toshiro Kanamori son muy reconocidos por el hecho de que han dedicado varios años de su vida a enseñar empatía a niños y adolescentes de diversas escuelas, comprobando que sí es posible enseñar esta habilidad. Pero no necesitamos ser expertos en el tema ni profesionales de la psicología. Cada uno de nosotros en casa podemos hacer lo mismo con nuestros hijos.

Cuando le haces ver a un niño que su compañero siente tristeza porque se ríen de él, que el insecto sufre cuando le arranca las alas; cuando le haces ver a tu hijo adolescente que burlarse de su hermana menor y ponerle sobrenombres la lastima profundamente, y que los hermanos mayores tienen una enorme influencia en el autoconcepto y la autoestima de sus hermanos menores, les estás enseñando a ponerse en los zapatos del otro. Y eso es empatía. "Imagina que fueras tú al que le hicieran o le dijeran eso... ¿Cómo te sentirías?" Es una buena frase para rematar.

Te contaré un suceso que recientemente ocurrió con mi adorado nieto Luca, de cinco años; esto bien puede ser un ejemplo de cómo un niño puede ponerse en el lugar del otro. Resulta que mis hijos, Marcia y Francisco, y yo somos vegetarianos. Yo lo soy desde hace treinta y ocho años, y ellos desde el vientre y asimismo mi nieto. Todos y cada uno (incluido mi nieto) sabemos por qué lo somos y tenemos una profunda convicción al respecto. Cuando él crezca, al igual que sucedió con mis hijos, decidirá si desea seguir siéndolo o no.

El hecho es, pues, que hay una adorable niña de cuatro años que es vecina de mi hija y su familia, y que adora a mi nieto. Una tarde, mi hija los llevó a unos juegos a un centro comercial, luego de lo cual les compró unos taquitos al vapor, o, como algunos les llaman, de canasta. La niña pidió uno de carne. En un momento dado lo abrió y descubrió un trozo con mucho nervio y grasa, que no lo hacía muy agradable a la vista. Al mirarlo, mi nieto expresó: "¡Guácala!" Más tarde, ya en casa, mi hija le dijo: "No digas 'guácala', mi amor. A ellos les gusta la carne y está bien, cada quien puede comer lo que le guste. Si dices así, Anita siente feo". Pasó un par de días y la niña llegó de visita cuando estaban comiendo. Mi hija le ofreció si quería que le sirviera un plato, a lo que ella contestó: "No, yo ya comí arroz y carnita". Mi nieto exclamó, entusiasmado: "¡Mmmm, qué rico!" "Qué, Luca, ¿te gusta?", inquirió la niña. "No, es para que no sientas feo", le respondió con toda su inocencia. ¡Sí se puede enseñar empatía a los niños!

En conclusión, ser capaces de ponernos en el lugar del otro nos ayuda a comprenderlo y a respetarlo. Podemos seguir estando en desacuerdo, pero comprendemos sus razones. Al enfocar estas ideas exclusivamente en la relación padres-hijos, ponerte en los zapatos de tus hijos te permite comprender lo que sienten cuando los humillas, cuando les gritas cosas horribles, cuando los golpeas. Después de empatizar, es imposible que las cosas sigan igual.

## Aspectos del medio ambiente que pueden generar conflictos

Thomas Gordon, psicólogo clínico y autor de varios libros sobre comunicación efectiva y manejo de conflictos, sugiere que con frecuencia pensamos que los conflictos son necesariamente abstractos y difíciles de resolver, pero a veces la solución es tan sencilla como modificar algo en el medio ambiente que está contribuyendo a generarlos y a perpetuarlos. Cuando yo leí esto hace varios años, me sorprendió la simplicidad y la lógica que tienen estas propuestas que casi nunca se nos ocurren. Desde entonces tomo muy en cuenta este aspecto en mi análisis de los problemas de las familias que atiendo en mi quehacer profesional, y con suma frecuencia encuentro que uno de estos aspectos del medio ambiente está presente en sus conflictos.

A continuación presento algunas de sus propuestas para modificar el medio ambiente y resolver o reducir la posibilidad de conflictos, aderezadas con ciertas ideas mías, producto de mi experiencia profesional.

## Enriquecimiento

Esto significa añadir materiales o actividades al medio para hacerlo más interesante y estimulante. A veces los niños se "portan mal" simplemente porque están aburridos, sobre todo aquellos que son muy activos, creativos y de mente ágil. Enriquecer significa no sólo agregar cosas divertidas a su hogar, sino también sumar a su vida actividades que lo sean, como deportes, música, y arte, o propiciar que convivan más con niños para que jueguen, descarguen su energía y se diviertan. La conducta de un niño malhumorado o "mal portado" puede cambiar significativamente con este simple manejo.

## Ampliación

Numerosas investigaciones han demostrado que la aglomeración a menudo es responsable del comportamiento antisocial. Los seres humanos necesitamos nuestro propio espacio, que nos da la sensación de libertad y pertenencia; es importante que cada miembro de la familia tenga bien delimitado el suyo. Sin embargo, tal vez la realidad es que tú tienes una casa pequeña y no te puedes dar ese lujo. No te preocupes, hay otras formas de delimitar y marcar el propio territorio y, con ello, obtener esa sensación de individualidad que da el espacio personal. Por ejemplo, en la pequeña habitación que comparten tus dos hijas puedes poner una cortina o un biombo entre las dos camas y que a su vez divida la habitación, haciendo el acuerdo de que la mitad es de una y la otra mitad de la otra. De manera que cada una sea libre de decorar su espacio como le guste.

## Empobrecimiento

Eliminar materiales, objetos y actividades del medio para disminuir los estímulos. Si el medio tiene demasiadas cosas, colores, sonidos, la gente puede sentir un exceso de estímulos y volverse irritable y ansiosa. Cuando algunos padres me cuentan que su hijo no duerme bien o que es demasiado inquieto, con frecuencia encuentro una respuesta afirmativa al preguntarles si en su recámara hay demasiados juguetes y "cosas". Me llama la atención a cuánta gente le gusta acumular toda clase de objetos que no tienen ningún uso y que a veces hasta se olvidan de que los conservan. Aunque no se den cuenta de manera consciente, este exceso de cosas a su alrededor (peor aún si están en desorden) desgasta y drena su energía, produciendo incomodidad e inquietud.

## Restricción

Significa limitar o controlar el acceso al medio. Algunos padres pelean con sus niños porque toman ciertas cosas y se meten en la cocina, en el estudio o en cualquier otro lugar donde no se quiere su presencia porque pueden desordenar cosas o correr algún peligro. Según la edad del niño, hay que ver la forma de quitar de su alcance los objetos que no queremos que toque o que son peligrosos, cerrar la puerta con llave, o poner un barandal de esos que están a la venta con el fin de restringir su paso. En lugar de gritar, discutir o enojarte, soluciona el problema restringiéndole el acceso a esos lugares u objetos.

## Simplificación

Reducir la complejidad del medio y las actividades para evitar disputas. Cuántas veces te has molestado porque tus hijos no anotaron un mensaje que te dejó alguien que llamó por teléfono, porque no ordenan los colores después de usarlos o porque no acomodan la secadora y el cepillo del cabello en el baño. Tal vez no hay una libreta y una pluma muy a la mano para anotar mensajes, o los colores vienen en una caja complicadísima y la secadora y el cepillo son muy difíciles de alcanzar y almacenar. Simplificar significa buscar la forma de ordenar y almacenar, de manera que sea muy fácil y cómodo hacerlo. A veces la simplificación es necesaria en relación con ciertas actividades, por ejemplo, elegir otra ruta menos complicada para recoger a los niños de la escuela, comprar un tipo de

¿POR QUÉ SE GENERAN LOS CONFLICTOS ENTRE PADRES E HIJOS?

queso que ya viene rayado y que te facilitará la tarea cuando cocines, etcétera.

## Anticipación

Algunos conflictos se pueden evitar por medio de la programación que nos permita "estar listos", a tiempo y sin prisas. Tanto a niños como a adultos, nos facilita la vida saber a qué hora saldremos de casa, a qué hora está programada la llamada telefónica para felicitar a la abuela, etcétera. Un asunto que causa muchas discusiones y regaños de padres a hijos es el hecho de que no avisan a sus niños o adolescentes a qué hora quieren que apaguen la televisión o el videojuego. Hay que informarles con anticipación, de manera que ellos se programen para hacerlo. Cuando los niños son pequeños y no saben leer el reloj o no tienen noción de lapsos de tiempo como media hora o veinte minutos, es muy útil usar alarmas o cronómetros, de manera que les advirtiamos que cuando suene la alarma es momento de apagar la televisión, o de dejar de jugar, de lavarse las manos y de sentarse a cenar.

Cuando compramos un aparato electrónico el manual nos ofrece una tabla guía para solución de problemas. La primera línea siempre dice algo así como: "Si el aparato no enciende, verifique que está conectado". Primero la solución más simple y de ahí, la más compleja, que es llamar al servicio técnico.

De la misma forma, cuando te des cuenta de que hay un conflicto familiar que se repite, comienza por analizar lo más simple. Probablemente encuentres que sólo es necesario algún cambio en el medio ambiente para resolverlo. Y, si no, entonces llama al "servicio técnico psicológico".

**CAPÍTULO 7**

# CON GOLPES NO...
# ¿ENTONCES CÓMO?

Nadie podría poner en duda que criar hijos es difícil. Que es una tarea de 24 horas que dura varios años, y que lleva consigo numerosas alegrías y bendiciones, pero también muchas renuncias a necesidades y deseos personales que se tienen que postergar y, a veces, desechar porque simplemente no compaginan con la función de la paternidad. Mientras más nos resistimos a aceptar esta realidad, más difícil y pesada será la tarea de criar a nuestros hijos. Con frecuencia encuentro a padres y madres que se quejan constantemente de lo que hacen por ellos: "Me tengo que levantar en la noche a darle de comer", "Se me va casi todo mi sueldo en mantener a mis hijos", "Todos los días tengo que llevarlos y traerlos a la escuela".

¡Pues claro!... Tú eres el padre o la madre! O, ¿quién esperas que haga todo eso? ¡Hazte el ánimo. Todo eso te corresponde realizar mientras sea necesario! Ya llegará el día en que crezcan, luego serán independientes, y entonces volarán del nido con alas propias. Y, créemelo... ese día llega en un parpadeo.

Muchas madres y padres se refieren a sus labores cotidianas con sus hijos como si fueran actos heroicos o favores que les están haciendo. No son lo uno ni lo otro, sino los deberes que conlleva el compromiso que adquirimos con la vida cuando tenemos un hijo. Las quejas de los padres, su frustración y sus lamentos por los deberes cotidianos hacia sus retoños, son producto de su resistencia a aceptar que así es la vida. Un joven padre primerizo me contaba con resentimiento que cuando salen de viaje con su familia (padres, suegros, hermanos) y su pequeña bebé de siete meses, "todos ayudan nomás a ratos, pero al final de cuentas a nosotros (él y su esposa) nos toca la mayor parte de la friega". "¡Por supuesto!, le respondí, los demás ayudan, pero la responsabilidad es de los padres. Y así es para todos y cada uno de los que tienen un bebé". Al parecer nunca se le había ocurrido que la realidad es así.

Insisto, pues, que mientras más nos resistamos a aceptar que tener un hijo conlleva la responsabilidad de cuidarlo y criarlo —con TODO lo que eso implica—, más pesado y difícil nos resultará hacerlo.

Sobre esta base, te invito a abrirle los brazos al momento de vida en el que te encuentras. Ya sea que estés criando bebés, niños de edad preescolar, escolar o adolescentes, más te vale aceptarlo y, por qué no, disfrutarlo. ¿Crees que esto no es posible? ¡Sí lo es! Muchos padres disfrutan el proceso de crianza, aun con el cansancio, las renuncias, y las privaciones personales que son parte inevitable de aquél.

Una parte importantísima de este proceso de crianza es el aprender formas sanas y efectivas para resolver los conflictos con nuestros amados hijos, extinguir conductas inaceptables y establecer límites y disciplina que los ayudarán a madurar y a volverse responsables, a realizar sus sueños, y a crear una fuerza de carácter que les servirá para toda la vida.

A muchos padres les causa una monumental pereza el "incomodarse" con estos asuntos, y prefieren fluir con la inercia de los conflictos del día a día, con los que todos sufren y la relación familiar se deteriora. ¡Qué pesada es la vida familiar para muchas personas! Contrariedades cotidianas, problemas que no encuentran cómo resolver, hijos echados a perder. Atiendo a infinidad de padres en edad madura, abrumados y exhaustos, lidiando todavía con sus hijos veinteañeros o treintañeros, y sufriendo por los problemas que éstos les causan. Ésto es antinatural y contrario al orden de la vida. Batallar con los hijos es natural cuando son niños y adolescentes, pero seguir haciéndolo cuando ya son adultos y ya debieran ser respon-

CON GOLPES NO... ¿ENTONCES CÓMO?

sables de su propia vida, sólo nos habla de que no los preparamos para ese momento.

Llegar a una edad madura como padres, implica que ya hemos terminado de criar a nuestros hijos. Ésta debiera ser una etapa de tranquilidad en la que ya nos toca utilizar nuestro tiempo libre haciendo lo que nos dé la gana, disfrutar de nuestro dinero que es resultado de una vida de trabajo duro y nos queda disponible porque nuestros hijos ya se mantienen solos, y gozar de todos los beneficios de esta etapa de "cosecha", en el sentido más amplio de la palabra.

Por desgracia, para muchos padres la realidad no es así, y en su madurez, e incluso en su vejez, continúan lidiando y sufriendo por los problemas emocionales, financieros y de toda índole de sus hijos adultos. ¡Qué lamentable! Cuando nuestra crianza fue ineficiente, cuando los sobreprotegimos sin permitirles asumir las consecuencias de sus actos, cuando no les pusimos límites ni disciplina que les forjara un carácter maduro y fuerte, así pagamos la factura.

Dedicar algunos meses de tu vida a trabajar en los cambios necesarios, estableciendo las estrategias que a continuación te propongo, sin duda aumentará las probabilidades de que logres criar hijos sanos, maduros, fuertes y felices, en lugar de continuar toda tu vida sufriendo las consecuencias de no haberlo hecho.

"Es más fácil formar hijos fuertes que reparar hombres destrozados."

FREDERIK DOUGLAS

## ¿Autoridad y disciplina *versus* libertad?

Muchos padres se cuestionan si la autoridad y la disciplina coartan la libertad de los niños y si terminan convirtiéndolos en seres con mentes limitadas que sólo saben obedecer; sin creatividad, sin valentía para atreverse, sin iniciativa ni individualidad. Éste es un grave error. La realidad es que quienes de niños tuvieron límites, disciplina y unos padres firmes bien plantados en su lugar de autoridad, se vuelven personas fuertes, con positivas habilidades sociales, seguras. Y como resultado de esta seguridad son independientes, valientes y libres. Quien se siente inseguro es dependiente y timorato, y en consecuencia sus probabilidades de obtener satisfacción y éxito —en el sentido más amplio de estas palabras— disminuyen considerablemente.

A lo largo de la historia, los seres humanos hemos pasado por diversas etapas en relación con el tema de la autoridad y la disciplina. Algunas en las que éstas se ejercían de manera absoluta, rígida y casi cruel, y otras, por el contrario, en las que no se ejercían en lo absoluto. En los años sesenta, en el marco de una serie de fenómenos culturales y sociales importantes, se mostró en todo su esplendor (principalmente en los países sajones) un estilo de crianza caracterizada por la total permisividad y la gratificación instantánea. Dos de sus más conocidos exponentes fueron, por una parte, el doctor Benjamin McLane Spock, a quien se le llamó el padre de la permisividad, autor de *The Common Sense Book of Baby and Child Care (El libro del sentido común del cuidado de bebés y niños)*, del que vendió más de cincuenta millones de copias, y quien tuvo una fuerte influencia en los padres de esa época; y por otra parte, A. S. Neill, creador de la escuela Summerhill, en la que, según él, la escuela tiene que estar en función de la voluntad del niño y no al revés. Te recomiendo indagar por tu cuenta sobre estos personajes y sus propuestas, ya que, aunque son realmente interesantes, no profundizaré en ellas debido a que no es el objetivo de este libro.

Basta decir que ellos aportaron algunas ideas muy valiosas en el tema de la crianza de los hijos, como la importancia de ser afectuosos con ellos y respetar su individualidad y de que padres y madres saben mucho más de lo que creen. Pero en otro sentido, la realidad mostró que sus propuestas de educar con total permisividad y gratificación instantánea no generan los grandiosos ciudadanos que ellos esperaban, sino gente con dificultades para lograr metas, para adaptarse a las realidades de una universidad, de un empleo o de un negocio propio, para asumir los compromisos de la vida adulta, improductivos y débiles, y con mayor propensión a presentar

## CON GOLPES NO... ¿ENTONCES CÓMO?

problemas sociales y de conducta, tal como lo manifestaron diversos investigadores y analistas de dichos modelos de crianza. El mismo doctor Benjamin M. Spock, en las últimas ediciones de su libro, corrigió y explicó que la autoridad en la familia debe residir en los padres y no en los hijos. Una ley universal o principio hermético llamado Ley de Ritmo establece que "todo se mueve como si fuera un péndulo; la medida de su movimiento hacia la derecha, es la misma que la de su movimiento hacia la izquierda". Sobre esta base vemos que ya que en generaciones anteriores la autoridad y la disciplina se ejercían de manera absoluta y rígida, sin ningún respeto por la individualidad y los derechos de los niños, fue necesario dar ese "pendulazo" que se manifestó por los estilos de educación mencionados en el párrafo anterior. Por fortuna, estamos encontrando el equilibrio, reforzando un estilo de crianza que respeta la individualidad y los derechos de los niños, pero también les marca lineamientos y límites, lo cual, por cierto, los hace sentir seguros.

La fórmula compuesta por padres amorosos, pero también fuertes y firmes, da como resultado hijos sanos. Un hijo sano es una persona creativa, con habilidades sociales, con capacidad para resolver problemas y lograr sus metas, responsable de sí misma, capaz de manejar sus emociones y de sobreponerse a las cosas difíciles que le sucedan en la vida, de crear su propia felicidad y de asumir sus compromisos personales. Ser padres fuertes y firmes no tiene nada que ver con gritar, golpear, poner cara de malos, ser agresivos, emocionalmente fríos y distantes, y no expresar su afecto. La fuerza y la firmeza de los padres residen en su interior, provienen de su interior; se trata de una energía y una confianza que les da la certeza de que ellos son los adultos, los procreadores y los creadores de ese sistema familiar, y por lo tanto la autoridad reside en ellos. Esa certeza la transmiten en su voz, (por más suave que sea), en su postura corporal, sus gestos, su mirada, su respiración. Los hijos, en el fondo, agradecen la fuerza y la firmeza de sus padres que a ellos les da seguridad y confianza, y responden a ella. Para llevar a cabo un análisis muy profundo del porqué y la trascendencia de la autoridad y la disciplina, te recomiendo leer mi libro *Hijos tiranos o débiles dependientes*.

# Las estrategias. Disciplina efectiva y amorosa para criar hijos sanos

Una estrategia es un plan compuesto de ciertas acciones que, en conjunto, tienen la finalidad de lograr un objetivo. En esta sección te propongo algunas estrategias enfocadas a niños de preescolar, otras a niños en edad escolar y otras más a adolescentes. Todas son efectivas y todas ellas dirigidas a que logres extinguir conductas inaceptables, establecer límites y disciplina, y, como consecuencia, forjar un carácter fuerte en tus hijos.

## Consideraciones generales

No importa la edad que tengan tus hijos, es fundamental que tomes en cuenta las siguientes recomendaciones:

1. **Establece una estrategia sólo en los siguientes casos:**

   *a)* **En los asuntos que son *fuentes de conflicto*.** Esto significa aquello por lo cual pelean, por lo cual gritas todos los días o con frecuencia, eso que te causa ansiedad y estrés. No queremos que te conviertas en una madre o un padre "introyector de normas" y nada más, ni que tu hogar sea el remedo de un colegio militar.

   *b)* **En los asuntos que son trascendentes para la vida de tu hijo.** Un hijo que no tolera un *no*, que no soporta cuando la realidad es diferente a lo que él desea, que no valora ni aprecia lo que se le da, que sólo piensa en sus necesidades y sus deseos, que no experimenta las consecuencias de sus actos y sus decisiones porque sus padres las asumen por ellos, que vive bajo la "ley del mínimo esfuerzo" porque todo se le da en charola de plata, se convertirá en la clase de persona adulta que nadie quiere en la sociedad. Sufrirá fracaso tras fracaso y su vida será insatisfactoria y más difícil de lo necesario no sólo para él, sino también para sus seres queridos. ¡Eso es trascendente! Algo que te puede ayudar a identificar lo que es trascendente es preguntarte si esa determinada conducta lo afectará a él y a otros en unos meses, en un año, en cinco... Si tu respuesta es *sí*, ¡hay que hacer algo al respecto!

**2. Concédete el derecho de ser imperfecto.** No es posible que hagas siempre bien las cosas, que manejes todo de manera adecuada, que perpetuamente sepas cómo, que siempre puedas y que en todo momento tengas la disposición, la energía y las ganas de aplicar lo que en este capítulo te presento. Aun los padres y las madres mejor intencionados a veces están cansados o abrumados por otros problemas. Sin embargo, cuando establezcas una estrategia sé consistente y fiel a ella hasta que se haya logrado el objetivo por el cual la estableciste, por la siguiente razón.

**3. Sé consistente.** Cuando te interesa cambiar una conducta inaceptable, es indispensable que siempre reacciones a ella de la misma forma. Si a veces respondes de una manera, en ocasiones de otra y a veces ni siquiera reaccionas, es imposible que tu hijo pueda hacer una asociación entre una cosa y la otra, de manera que la estrategia no funcionará ni en un millón de años. El camino más seguro para que un manejo disciplinario no funcione, es reaccionar cada vez de forma diferente ante la misma conducta. En conclusión: TAL CONDUCTA, DEBE TRAER COMO CONSECUENCIA TAL REACCIÓN DE PARTE DE MAMÁ O PAPÁ... ¡SIEMPRE!

**4. Cuida que la aplicación y el control de la estrategia dependa de ti.** Si pretendes que la nana sea quien la aplique, los abuelos, los tíos o cualquier otra persona, corres el riesgo de que aquello se convierta en un desastre, porque cada quien lo hará a su manera o ni siquiera lo hará. Así las cosas, sólo quemaremos un valioso cartucho y perderemos la oportunidad de beneficiarnos con la efectividad de esa estrategia. No podemos decirle a un niño algo así como: "Si vuelves a escupir la comida, no irás a comprar un helado con el abuelo en la tarde"; porque lo más probable es que el abuelo lo llevará a comprar su helado.

## Comprender la importancia del "reforzamiento"

En psicología se conoce como reforzamiento el proceso mediante el cual la aplicación de un estímulo aumenta la probabilidad de que una conducta se repita o se extinga en el futuro. Dichos estímulos se llaman "reforzadores", y así es, en realidad, como la vida funciona. Dicho de otra forma, no sólo para los niños, sino también para los adultos, las consecuencias que nos acarrea una conducta determina que la sigamos repitiendo o que dejemos de hacerlo. Si una conducta nos aporta recompensas materiales o el reconocimiento de los demás, sin duda alguna la repetiremos. De lo contrario, se extinguirá.

En los niños y los adolescentes, que son los protagonistas en este libro, las consecuencias de una conducta determinarán fuertemente su repetición o su extinción. Es por ello que siempre insto a los padres a que se den cuenta de esto y reflexionen: ¿Qué consecuencias le trae a tu hijo esa conducta que te desagrada?

Con mucha frecuencia, los padres piensan que no les trae ninguna, y sólo les otorgan su atención y su cercanía. Y, como hemos dicho, niños y adolescentes la necesitan imperiosamente de manera tal que prefieren nuestra atención, aunque sea para regañarlos, pero mejor eso que nuestra indiferencia. Por lo anterior, procura dar atención a tus hijos cuando presentan las conductas que quieres reforzar.

En las estrategias que te presento, relativas a todas las edades, encontrarás que están basadas en los mencionados reforzadores o consecuencias, porque ésta es la forma natural como la vida funciona; todo acto que realizamos y toda decisión que tomamos, por sí mismas, tienen consecuencias para bien o para mal, y eso es inevitable. En todas las etapas de la vida, el vivir las consecuencias de nuestros actos y nuestras decisiones es la mejor manera de madurar y volvernos responsables.

CON GOLPES NO... ¿ENTONCES CÓMO?

Habiendo dicho lo anterior, entremos en materia... Relajados... disfrutando... dándonos cuenta de que es más fácil de lo que creemos, y de que sólo necesitamos fluir con la sabiduría interior que ya conoce todo esto, porque es sentido común e, insisto, es la forma en que la naturaleza misma funciona. Nuestro cuerpo lo comprende, nuestras emociones y nuestra mente también.

## Niños en edad preescolar: 2 a 5 años

Erik Erikson fue un psicoanalista estadounidense de origen alemán que creó una teoría del desarrollo de la personalidad a la que llamó teoría psicosocial, según la cual en cada etapa de la vida hay una "tarea" que lograr; esto da como resultado el desarrollo de una personalidad sana y de la capacidad para tener relaciones saludables. Cuando la tarea de alguna etapa no se consigue, puede entorpecer el logro de las tareas de las siguientes etapas y, por lo tanto, el desarrollo de una personalidad sana. No obstante, en etapas posteriores de la vida se pueden completar dichas tareas inconclusas, por medio de la psicoterapia o de las experiencias de la vida misma.

Entiéndase muy bien que al especificar "edades" no debemos tomarlo de manera rígida, como si la etapa empieza el día que una persona cumple dos años y termina el día que cumple cinco, sino, por el contrario, comprender que son rangos flexibles que pueden variar por unos meses o, incluso, por un año, según los procesos de maduración de cada niño.

Una vez aclarado esto, separaré la edad preescolar en dos subetapas: la primera comprende de uno y medio o dos años a tres, en la cual la tarea de la vida es LA AUTONOMÍA. Ésta consiste en la "separación" de la simbiosis con la madre para diferenciarse como un individuo aparte. Para lograrlo, la psique del niño hace uso del famoso "berrinche", tan confuso y agobiante para muchos padres. Algunos consideran que el hecho de que sus hijos lo practiquen, significa que ellos no están siendo padres eficientes. Es preciso comprender que el berrinche a esa edad es normal e inevitable, e incluso sano, porque al niño le sirve para afirmarse a sí mismo.

Sin embargo, el manejo que los padres hagan de dicha actitud determinará que la tarea de esa etapa se logre de manera saludable o no. Demasiada tolerancia y ceder a las exigencias que pretende lograr por medio del berrinche, reforzarán esa conducta y crearán un niño demandante y caprichoso. Por el contrario, cuando a todo se le dice NO, cuando se le reprime demasiado, se forjará en el niño un conflicto con la autoridad y una extrema rebeldía sin sentido. Ambos rasgos de personalidad pueden volverse patrones de comportamiento que los acompañen el resto de su vida, a menos que en su adolescencia o en su adultez trabajen para cambiarlo, o que la vida les presente experiencias que los ayuden a madurar esas conductas.

Cuando no se logra la tarea de una etapa, se establece un mecanismo llamado "fijación", lo cual significa quedar atorado en dicho momento del desarrollo, de manera que cuando somos adultos, tenemos conductas propias de esa edad. Sin duda conoces adultos "fijados" en la edad del berrinche, que lo hacen cada vez que las cosas no son de su gusto y a su medida, o que tienen un conflicto con la autoridad, que es la otra cara de una fijación en esta etapa.

De los tres a los cinco años, la tarea de vida es LA INICIATIVA. Esto se aprecia en la enorme actividad física y mental que muestran los niños mediante el tipo de juego que realizan y las muchas preguntas que expresan para satisfacer su gran curiosidad y su deseo de entender el mundo en el que viven.

Demasiada represión a esta iniciativa creará a un niño con ausencia de ésta, timorato y temeroso de lo nuevo. La falta de límites sanos a su extrema iniciativa provocará una actitud de intrusión a los derechos y espacios de los demás, y dificultad de respetar reglas.

A continuación, veamos las conocidas, comprobadas y eficaces estrategias para lidiar con los berrinches y las conductas inaceptables de niños de edad preescolar (dos dos a cinco años).

## Propuesta para el manejo del berrinche

En general el berrinche se presenta entre el año y medio y los cinco años de edad. Con el objetivo de que cumpla su función de ayudar

CON GOLPES NO... ¿ENTONCES CÓMO?

al niño a establecer SU AUTONOMÍA, pero también a desarrollar su tolerancia a la frustración, o fuerza de carácter, que resulta de no tener siempre lo que quiere, como lo quiere y en el momento que lo desea, van estas recomendaciones para su manejo.

El niño hace berrinche cuando quiere algo. A veces es muy obvio que, por la razón que sea, no podemos o no queremos dárselo. Pero cuando tengas duda al respecto, pregúntate a ti mismo:

- ¿Eso que quiere le perjudica a sí mismo o a otros?
- ¿Va a tener consecuencias desfavorables en el futuro cercano o lejano del niño?

Cuando decidas que no hay problema en concederle lo que pide, permítele "salirse con la suya", porque esto le ayudará a lograr autonomía. Pero no se lo des si está haciendo un berrinche, ya que reforzarás esa conducta dándole el mensaje de que eso es lo que tiene que hacer para obtener lo que quiere. En ese caso, le dirás algo así como: "Tranquilízate y entonces te lo daré. Mientras estés comportándote así no lo vas a obtener". Y, en efecto, hasta que se aquiete lo obtendrá.

Por el contrario, cuando decidas que NO le concederás lo que pide, seguramente hará un berrinche. Con voz tranquila pero firme explícale UNA SOLA VEZ tu decisión. Insisto en que sea una sola vez, porque con frecuencia los padres cometen el error de dar demasiadas explicaciones a los hijos, provocando con esto que ellos se confundan y no logren comprender del todo de qué rayos se trata el asunto, y mucho menos, logren asociar una cosa con la otra.

Así pues, tu explicación clara, tranquila y a la vez firme, será algo así como:

- No vas a comer el chocolate porque no has comido tu sopa.
- Hoy no te voy a comprar juguete. Te dije desde casa que venimos al súper a comprar sólo comida y no juguetes.
- No puedes brincar en los sillones de tu abuela. A ella no le gusta que lo hagas.

- No puedes cruzar la calle tú sólo porque es peligroso, tienes que darme la mano.
- No puedes ver televisión ahorita. Ya es hora de bañarte para que cenes y te duermas.

Y haz lo que es acorde con lo que estás diciendo. Si se suscita un berrinche, simplemente ignóralo y continúa con las acciones que estás llevando a cabo: tomarle la mano, bajarlo de los sillones, apagar la televisión y conducirlo al baño, etcétera. "Dale vuelta a la página", es decir, no sigas dando explicaciones ni hablando del tema, sino cámbialo, cuéntale algo, distráelo con algo, pero continúa firme con tus acciones.

Cuando el berrinche se suscita por algo a lo que dijiste NO, por ejemplo que no le darás postre porque no ha comido, simplemente ignóralo, porque si le pones atención lo refuerzas. Déjalo que pataleé, que llore, etcétera, y sólo observa discretamente que no se vaya a lastimar. Si su berrinche dura un rato puedes reforzar su negativa una sola vez más, con algo así como:

> Aunque llores, te enojes, grites, patalees o hagas lo que hagas, de todas maneras no te voy a dar postre, o no te compraré el juguete, etcétera.

Y sigue ignorando el berrinche. Es fundamental comprender que toda conducta a la que le ponemos atención se refuerza e incrementa. Una de las cosas que más agrada a los niños, es la atención, así que si se la damos cuando está teniendo un comportamiento inaceptable, lo reforzaremos.

Cuando termine con su berrinche, no vuelvas a hablar del asunto y sigue con tu vida. Lógicamente, tendrás que adaptar estas recomendaciones a la situación, las circunstancias y el lugar donde te encuentres.

Sobra decir lo importante que es que cumplas lo que dices, ya que, de no hacerlo, perderás credibilidad y autoridad ante tu hijo.

CON GOLPES NO... ¿ENTONCES CÓMO?

Por el contrario, cuando el niño ve que eres firme, sabe muy bien que, haga lo que haga, tu palabra se mantiene, y es entonces cuando asimila que el berrinche no le sirve para lograr sus objetivos; así será posible que aprenda otras conductas para pedir lo que desea. Pero cuando le dices que no y al rato sí, aprende que después de insistir, en algún momento cambiarás de opinión y se saldrá con la suya. Entonces sí prepárate, porque la conducta del berrinche se reforzará, se alargará y se volverá tu peor pesadilla.

## Time out

Esta técnica, conocida como tiempo de descanso o tiempo fuera (*time out*, en inglés) es un método que ha probado su eficacia para modificar o detener una conducta del niño sin violencia. Consiste en alejarlo del lugar y la situación en la que está presentando la conducta no deseada. Ese lugar puede estar incluso a un metro o dos de nosotros. El propósito es darle el mensaje de que no puede estar donde estamos los demás si continúa haciendo determinada conducta.

Para que el *time out* funcione, es preciso que lo apliques con niños de esta etapa, ya que en los mayores no obtendrás resultados usando esta técnica. Asimismo, es preciso tomar en cuenta las siguientes condiciones:

- Después de los dos años es la edad ideal para comenzar a implementarlo.
- Sólo el tiempo adecuado a su edad: máximo un minuto por año. (Si tiene tres años, serán tres minutos)
- No obstante, hay que terminar el *time out*, en cuanto se calme, aun si lleva menos de un minuto, ya que es importante que lo asocie con la conducta que no estamos dispuestos a tolerar.
- Aplicarlo si se le ha indicado varias veces que detenga cierta conducta, y no hace caso, pero advertirle antes: "Si vuelves a hacer tal cosa, te vas a ir a *time out*". Justo en el momento en que lo vuelva a hacer, aplícalo. Siempre hay que advertirle antes, para darle la oportunidad de que detenga la conducta.

La primera vez que lo apliquemos, usaremos la palabra *time out,* o cualquier otra que tú desees designar para este manejo. Y le explicamos qué significa. Por ejemplo: "Si sigues pegándole a tu hermano te vas a ir a *time out,* o sea que te vas a quedar un rato parado en este lugar de la sala (o sentado en esta silla), hasta que entiendas que no le puedes seguir pegando"; "Si sigues gritando y pataleando..."; "Si sigues escupiendo la comida...", etcétera. Posteriormente, el niño ya comprenderá lo que significa la palabra y sólo necesitaremos hacerle la advertencia: "Si sigues haciendo tal cosa, te irás a *time out*".

- Breve y claramente, de manera tranquila y UNA SOLA VEZ, explicarle el porqué del *time out.* Es muy importante que aprenda que las conductas tienen consecuencias.
- Si se usa esta técnica con mucha frecuencia, pierde fuerza.
- El lugar que elegiremos para ubicar al niño puede ser un espacio específico de la habitación, una silla, etcétera. No donde haya juguetes o cosas con las que se pueda distraer y se ponga a jugar. *Nunca encerrarlo con llave ni meterlo en un lugar oscuro.*
- Normalmente, aunque parezca increíble, el niño se queda ahí donde lo colocamos. Pero si llegara a retirarse del lugar, se le conduce suave pero firmemente de nuevo a ese lugar y se le reitera que está en *time out* y tiene que quedarse ahí hasta que se calme, ya que es común que llore o haga berrinche mientras está ahí.
- No darle atención durante el *time out.*
- Una vez que se ha calmado, anunciarle que se acabó el *time out* y puedes abrazarlo o darle muestras de afecto, pero ya no redundar sobre el tema.

## *Time out* en compañía

Cambiar de actividad a una más tranquila para modificar el estado de ánimo que se está presentando. Por ejemplo, ponerte a leer un cuento con él, acostarse juntos y darse masajito, escuchar música, etcétera.

## Restricción

Esto significa retirar al niño temporal o permanentemente del lugar donde está suscitándose una conducta de berrinche o agresión de su parte, después de que le hemos dicho una o máximo dos veces que no le daremos lo que pide, o que no queremos que esté comportándose de esa manera en ese momento y lugar. Siempre es necesario advertirle antes, para darle la oportunidad de que cambie su conducta. He visto muchas veces a madres y a padres que sin previa advertencia le imputan la restricción: "Hoy no va a haber televisión"; "Te voy a llevar a la casa y ahí te quedarás"; "No habrá iPad en dos días". Siempre hay que advertir antes.

Veamos un ejemplo de lo que sería el manejo de una restricción.

Tú vas con tu hijo al supermercado. Desde antes de salir de casa le dijiste bien claro que hoy no le vas a comprar ningún juguete, que sólo comprarán comida. En un momento dado, ya en la tienda, el niño empieza a pedir un juguete. Tú le recuerdas que le dijiste antes de salir que hoy no comprarían juguetes, sólo comida. El berrinche sigue y empeora. Te detienes, lo ves de frente y le adviertes con voz tranquila pero firme: "Si sigues comportándote así, ahora mismo te llevo a la casa y ahí te quedas con..." El niño sigue llorando, pataleando e insistiendo que quiere el juguete. De inmediato dejas el carrito de las compras, tomas al niño, lo llevas al auto y te diriges a casa. Aun cuando en el camino diga que ya se va a calmar o algo así, de todas maneras continúas el camino a casa, llegas y lo dejas a cargo de quien lo cuidará. Regresas al súper y tal vez tengas la suerte de encontrar tu carrito por ahí, para que no tengas que empezar las compras desde cero.

De esta forma, la próxima vez que haga un berrinche en el súper o en algún otro lugar, simplemente le adviertes que lo llevarás a casa si no se calma, y sabe que le cumplirás. Quizá necesites hacer lo que te recomiendo en dos o tres ocasiones, pero te aseguro que en un momento dado a tu hijo le quedará bien claro que cumples lo que dices y que más le vale aceptar el NO cuando se le dice, para evitar ser retirado.

Tal vez pienses algo así como: "¡Qué flojera! Perder tiempo en ir a casa, regresar y comenzar de nuevo las compras!" Sólo reflexiona que es mejor esforzarte e incomodarte ahora y algunas veces, que lidiar con las conductas demandantes de un hijo echado a perder el resto de tu vida.

Otro ejemplo.

Estás en un restaurante compartiendo con la familia o amigos. Tu hijo comienza a exigir algo, a gritar y a hacer berrinche. Le adviertes que tiene que calmarse y aceptar que no le vas a dar lo que quiere ahora, que tiene que esperar para llegar a casa o lo que tú decidas. Sigue e intensifica el berrinche. Lo tomas, lo retiras del restaurante y lo llevas contigo afuera. Tal vez quieras esperar en tu auto con el niño o tal vez decidas simplemente esperar con él afuera. Le dirás con voz calmada pero firme algo así como: "No vamos a regresar al restaurante (cine, tienda, etc.) hasta que te calmes". Y no prestes demasiada atención al berrinche. Si continúa, después de dos o tres minutos le repites que cuando se calme regresarán al lugar. En cuanto se calme, simplemente lo tomas y regresan, dándole vuelta a la página sin seguir hablando del asunto.

No sé si tengo razón en esto que te diré, pero me da la impresión de que el manejo del último ejemplo que di funciona mucho mejor si es el padre quien lo hace. Cuando mis hijos eran niños su padre siempre se encargaba de este manejo y había excelentes resultados. Ahora veo que mi yerno lo hace con mi nieto y no importa lo emberrinchado que esté el niño: en unos cuantos minutos regresan con mi nieto en paz, de muy buen humor y hasta con una gran sonrisa.

## Ofrecerle opciones

Detener la conducta pero ofrecerle una opción: "Esto no lo puedes tocar, pero esto sí"; "Esto no lo puedes hacer, pero esto sí".

## El "¡NO y punto!"

Con esta expresión me refiero a una actitud y postura interna de la madre o el padre, y no precisamente a decirle al niño esas palabras

CON GOLPES NO... ¿ENTONCES CÓMO?

específicas, aunque eso también es válido en algunas ocasiones. En pocas palabras: hay cosas que se permiten, hay otras que no... ¡Y punto!

> Aunque llores, te enojes, grites, patalees o hagas lo que hagas, de todas maneras...

Esta expresión, o una parecida, puedes adoptarla como una afirmación que con el tiempo llega a ser sumamente poderosa, ya que tus hijos (de cualquier edad) aprenden que cuando la expresas no hay vuelta de hoja y no tiene ningún caso continuar con su berrinche o su insistencia, porque de nada servirá.

Recordemos que tener padres fuertes, firmes, que cumplen lo que dicen, da gran seguridad a los niños. Asimismo, aplicar estas eficaces estrategias, que no conllevan violencia, evita conflictos en la familia, enseña al niño a manejar sus impulsos y a desarrollar esa fuerza de carácter llamada tolerancia a la frustración, todo lo cual es sumamente conveniente y deseable para todos.

## Sobre las clases

Una pregunta que con frecuencia me hacen los padres es respecto de la siguiente situación: inscriben a sus niños de edad preescolar en alguna clase como karate, ballet, natación, etcétera. Al principio los niños asisten entusiasmados y motivados, pero al paso de unos días o semanas ya no quieren ir, y el tema se vuelve una fuente de conflictos, gritos, regaños y llantos. ¿Debemos forzarlos a asistir? ¿Hay que dejar las clases si tanto se resiste? Y si es el caso, ¿puede afectar en el hecho de que aprenda a cumplir con sus compromisos?

Antes de responder de manera específica a estas preguntas, es importante que comprendamos que en la edad preescolar, la "ocupación" más importante de los niños es JUGAR. Mediante el juego ellos aprenden a desarrollar habilidades sociales como negociar, trabajar en equipo, compartir, ganar y perder. Así también, el juego les sirve para desarrollar su psicomotricidad fina y gruesa, su sistema óseo y muscular, y también aporta grandes beneficios a su salud en general. La habilidad para resolver problemas, la creatividad y la imaginación, y la posibilidad de expresar y procesar sus emociones, son otros beneficios que el juego otorga a los niños.

En general, para los niños de edad preescolar, las clases de deportes, baile, dibujo, entre otras, no son cómodas ni agradables, ya que se les requiere obedecer ciertos lineamientos y reglas de moverse, detenerse, hacer o dejar de hacer, bajo las órdenes del profesor, lo cual choca con su necesidad de jugar y expresarse libremente y a su propio ritmo.

Habiendo comprendido lo anterior, estas son mis respuestas a las preguntas sobre el tema, que con tanta frecuencia los padres me plantean:

- Si decides inscribir a tu hijo de edad preescolar en alguna clase, asegúrate de que comprende muy bien que se trata de ir todos los martes y jueves en la tarde. Que asistirá diez veces (o lo que dure el curso) y que no se le permitirá que falte a sus clases. Esto es porque con frecuencia los niños dicen un entusiasta sí cuando se les propone, pero no tienen claro que se trata de asistir por un periodo de tiempo y de manera constante.

- Si ya está inscrito y no quiere asistir más, no cedas a la primera negativa; recuérdale cuánto se divierte durante su clase, lo bueno que es para él y que debe seguir hasta que termine el curso. A veces se vuelven a entusiasmar y asisten con el mismo gusto del principio; o quizá van de mala gana, pero ya estando ahí se divierten y lo disfrutan. Si todo esto no sucede y su negativa a asistir es muy fuerte, no cedas el primer día que se niega, sino, por el contrario, dile que irá tres o cinco veces más y que si después sigue decidido a no ir, ya no lo forzarás. Sin embargo, puede darse el caso de que su resistencia a asistir es demasiada al punto de que llora, se angustia, y a ti te genera gran conflicto; en ese caso es mejor retirarlo y dejar las clases

CON GOLPES NO... ¿ENTONCES CÓMO?

por la paz durante un año o dos, hasta el momento en que esté listo para disfrutar esas actividades. ¿Y cuándo llega este momento? Alrededor de los seis años estará más que listo.

## La disciplina para los niños de edad preescolar

¿Disciplina a esta edad? Tal vez te preguntes. ¡En efecto!, ésta es necesaria desde que somos pequeños y lo sigue siendo hasta que somos adultos. Sin ella no podremos alcanzar ninguna meta en la vida, ni realizar ningún sueño.

El término *disciplina* puede tener una connotación negativa, debido a que se usa también para definir una conducta de castigo y rigidez. En este libro no es usado en ese sentido, en ningún momento, sino en el sentido de ciertas acciones, límites y actitudes que es necesario enseñar al niño para lograr su sano desarrollo.

En la edad preescolar, los niños necesitan mucha estructura y predictibilidad. He conocido un sinnúmero de familias en las que no hay consistencia alguna en esa estructura o no la hay en absoluto. Los niños necesitan tener una hora determinada en la que deben dejar de ver televisión o jugar, meterse a bañar, cenar e ir a la cama. También deben saber que los sábados van a dormir con papá (si es que los padres están separados) o es el día en que se quedan con los abuelos (si es el caso). Todo aquello que sea una constante en la vida del niño debe estar claro para él, y los padres deben cumplirlo de forma muy apegada al horario acordado.

A esta edad, los niños pueden entender indicaciones como ésta: "Cuando la manecilla larga del reloj llegue al seis, se apaga la televisión (iPad, computadora, etcétera)", o "Cuando suene la alarma del reloj es hora de meterte a bañar". Es muy recomendable que utilices indicadores exteriores bien específicos para delimitar tiempos: el fin de alguna actividad o el inicio de otra.

No esperes que los niños accedan gustosos a obedecer la indicación. Casi siempre reclaman, se quejan y expresan su desacuerdo de muchas formas... De todas maneras, así se va a hacer. Cuando suene la alarma, cuando la manecilla llegue al seis, cuando el reloj muestre el cinco, o sea cual fuere la advertencia que diste, tomarás la acción congruente con ésta; apagas el aparato, tomas de la mano al niño y comienzas a realizar las acciones que indicaste.

Un niño de edad preescolar necesita unas doce horas de sueño. Debiera dormirse alrededor de las 7.30 u 8.00 de la noche. Algunos, o muchos, andan despiertos a las diez e incluso más tarde. Una pareja me decía riéndose (como si esto fuera gracioso), que ellos se van a dormir como a las 10.30 de la noche, pero su niña de cuatro años sigue en su recámara jugando con el iPad a todo volumen, y los padres le tienen que gritar: "¡Bájale!" Este tipo de situaciones tan comunes sólo denotan padres sin límites ni autoridad y sin la menor idea de la importancia de éstos.

Conozcamos algunos de los más importantes beneficios que dormir le proporciona a los niños. Durante el sueño, el cuerpo y el cerebro se recuperan del desgaste del día, se reponen diversas hormonas que favorecen la producción de anticuerpos y por lo tanto el sistema inmunológico se refuerza. También se produce la hormona del crecimiento, que además influye en la reparación de los tejidos y en el buen funcionamiento de diversos órganos.

Las rutinas son parte importantísima en el manejo de los niños de edad preescolar. Esto significa, por ejemplo, que todas las noches haya un mismo "ritual" u orden en las acciones previas a dormir: bañarse, luego cenar, lavarse los dientes, ponerse la pijama, leerle un cuento ya en la cama, y finalmente darle los besos, abrazos y cariños que les das antes de dormir. El ritual puede ser el que tú elijas, lo importante es hacerlo con constancia, en el mismo orden, el mismo lugar y la misma hora aproximada.

Cuando cada día es diferente, cuando no hay horarios ni orden en las actividades previas, viene la confusión, la ansiedad, el gran cansancio que les genera dormirse tarde y que incrementa los "malos comportamientos".

La rutina es importante no sólo en lo relativo al proceso de dormirse, sino en todas las actividades que de forma cotidiana se repi-

CON GOLPES NO... ¿ENTONCES CÓMO?

ten en la vida del niño, como despertar, la preparación para ir a la escuela, la hora de hacer tarea, etcétera.

Muchas veces los niños están muy inquietos en su habitación, debido al simple hecho de que hay demasiados estímulos en ésta: muñecos por todos lados, repisas llenas de juguetes, y hasta cortinas y paredes de colores intensos. La recámara de un niño debe ser lo más minimalista posible. Antes de suponer que tu hijo es hiperactivo o que tiene problemas para dormir, revisa su alrededor.

Una mamá me contó que su hija de tres años tardaba mucho tiempo en quedarse dormida y se ponía inquieta antes de hacerlo. Le pedí que me describiera en detalle su recámara. Resulta que estaba llena de cosas alrededor; pero lo que más llamó mi atención fue que en la pared en la que estaba la cabecera, a unos ochenta centímetros arriba de la cabeza de la niña, había una repisa con muñecas. Esto le daba a la niña la sensación de que se le podían caer encima, una sensación más inconsciente y visceral que consciente, pero que le generaba gran inquietud e incomodidad. Ese mismo día retiró la repisa... y ¡a dormir tranquila!

También sucede con frecuencia que los niños ven televisión o usan videojuegos hasta un momento antes de dormir. Su sistema nervioso queda alterado por todos los estímulos visuales y auditivos que esto les proporciona, lo cual incrementa la actividad de su cerebro y los pone alterados e inquietos. Lo más recomendable es que suspendan estas actividades por lo menos una hora antes de que comience su preparación para ir a la cama.

Toda causa tiene un efecto y todo efecto tiene una causa. A veces, encontrar esa causa es mucho más fácil de lo que pensamos.

## Niños en edad escolar: 6 a 10 años

De acuerdo con la teoría del desarrollo psicosocial de Erik Erikson que cité con anterioridad, la "tarea" de vida de los niños de esta etapa es la LABORIOSIDAD. Esto se traduce en un gran interés por hacer cosas, por conocer su funcionamiento, por planear proyectos junto con otros niños y por alcanzar metas. Tienen gran capacidad para aprender cosas nuevas y desarrollar habilidades. Experimentan un enorme orgullo personal por todo lo que logran, lo cual incide en el fortalecimiento de su autoestima. Por el contrario, los fracasos los hacen sentir inferiores y dudosos de sus propias capacidades. El estímulo por parte de maestros y padres, el apoyo para acercarlos a actividades que los ayuden a desarrollar sus talentos, cobra gran importancia para el logro de la tarea de esta etapa de la vida, que podemos resumir así: sentirse capaz.

Ahora sí que están listos para involucrarse en clases extraescolares de arte, deportes y toda actividad que les interese. De hecho, es muy recomendable que los apoyes en ese sentido, reconociendo cuáles son sus talentos e involucrándolos en clases y proyectos que los ayuden a desarrollarlos. De esta forma, si un niño anda bajo en una materia de la escuela, pero es bueno en alguna de las actividades extraescolares en las que está involucrado, ésto compensará la sensación de fracaso que experimenta en la escuela, por una de éxito y logro en lo que tiene talento. Sobra decir cómo esto contribuye a forjar su autoestima.

No obstante, es necesario tener cuidado de no exagerar. Algunos niños tienen tantas clases extraescolares que andan abrumados, sin tiempo para descansar, jugar, o siquiera comer con calma.

# La tecnología. Principales problemas que enfrentan los padres hoy en día

Existe en la actualidad una situación con la que los padres de generaciones pasadas no tuvieron que lidiar y que genera gran confusión, conflictos y cuestionamientos a la mayoría de los padres de hoy en día: la tecnología.

No podemos negar que vivimos en un mundo donde ésta es parte inseparable de la vida. Algunas personas la rechazan, otras la ignoran e incluso hay quienes le temen porque la consideran peligrosa y propiciadora de problemas. La verdad es que la tecnología

## CON GOLPES NO... ¿ENTONCES CÓMO?

no sólo es interesante y fascinante, sino que también nos facilita la vida y nos proporciona una fuente inagotable de información y recursos. Sólo se vuelve peligrosa o propiciadora de problemas cuando permitimos que controle y afecte nuestras vidas, en lugar de ponerla a nuestro servicio.

Una de las facetas de la tecnología con la que convivimos constantemente hoy es la referente a los teléfonos celulares, el internet y todos los dispositivos que nos sirven como medio para navegar en la red. El mal uso de éstos puede llegar a ser un factor que propicie conflictos y afecte la convivencia entre los miembros de la familia, y de igual forma puede interferir con el aprendizaje escolar, la práctica del deporte y otras actividades sumamente sanas para el desarrollo integral de niños y adolescentes.

Por tal motivo, es de vital importancia que revisemos los principales retos y problemas con los que los padres se enfrentan en la actualidad en relación con el uso de la tecnología, y asimismo veamos algunas propuestas para resolverlos.

En primer lugar es indispensable recordar que nosotros —los padres— somos la autoridad en nuestro hogar. Para que un sistema funcione (y la familia es un sistema) es necesario que haya una estructura jerárquica; a la cabeza de ésta nos encontramos los padres, porque somos los mayores, los adultos, los procreadores. Cuando dejamos vacío nuestro lugar de autoridad vienen el caos y los problemas, y con ellos el sufrimiento para todos los miembros de la familia.

El asunto que nos ocupa requiere que ejerzamos esa autoridad para poner límites y condiciones respecto del uso de los celulares, internet y dispositivos. Es probable que nuestros hijos se enojen y estén en desacuerdo, pero como la autoridad que somos nos corresponde a nosotros, no a ellos, tomar esas decisiones: "Hijo, entiendo que esto te moleste, estás en todo tu derecho de enojarte y estar en desacuerdo, pero de todas maneras así se va a hacer".

Comencemos ahora a explorar los retos y problemas que en este aspecto los padres enfrentan con mayor frecuencia hoy en día:

*a)* El uso excesivo de los aparatos.

*b)* Dar a los hijos un teléfono celular a una edad que no es la adecuada.

*c)* El riesgo de que niños y adolescentes tengan acceso a contenido inadecuado para ellos en internet.

*d)* La "enajenación" en relación con el uso de los aparatos e internet.

*e)* El riesgo de que niños y adolescentes no midan el peligro potencial al proporcionar información personal en redes sociales o sitios de internet.

*f)* El riesgo de que sean víctimas o victimarios de ciberacoso.

Por su gran importancia, revisaremos cada uno de ellos y veremos algunas recomendaciones para solucionarlos y/o prevenirlos:

## El uso excesivo de los aparatos

A cualquier lugar donde vayas, encontrarás familias en las que cada uno de sus integrantes está absorto en su celular, iPad o computadora; nadie habla, ni escucha, ni mira al otro. Sobra decir cuánto esta situación afecta la relación familiar. Tanto para los padres como para los hijos, es indispensable tener una disciplina respecto al uso de estos aparatos, que NUNCA deben ser la prioridad en la vida familiar. Los padres deben establecer horarios y límites al respecto; ellos deben ser los primeros en cumplirlos, pero también han ser muy firmes con sus hijos en la exigencia del cumplimiento de estas condiciones.

Por ejemplo:

- Prohibido usar estos aparatos durante las horas de la comida, cuando están realizando alguna actividad juntos (como ver una película en casa), cuando están conversando algún asunto importante o mientras hacen la tarea. Si salen a comer a un restaurante, todos dejan sus teléfonos en casa y sólo se lleva uno por si algo se llegara a necesitar, pero no para usarlo durante la comida.

CON GOLPES NO... ¿ENTONCES CÓMO?

- Establecer un horario en la noche (por ejemplo las siete, ocho o nueve, según la edad de los hijos) a partir del cual los aparatos se dejan de usar, se apagan y se dejan fuera de la recámara en un lugar específicamente designado para ello. Y así todas las noches.

## Dar a los hijos un teléfono celular a una edad que no es la adecuada

¿Y cuál es la edad adecuada? Eso dependerá de la personalidad del chico y de las circunstancias familiares, pero, sobre todo, de la disponibilidad y la madurez que tenga para respetar las reglas y las condiciones de uso del aparato tanto en la casa como en la escuela. Debes explicárselas muy bien y asegurarte de que las comprendió. Si las cumple, conservará el celular; si no lo hace, se lo quitarás y le avisarás el porqué, informándole que cuando esté listo para observar las reglas lo podrá tener.

## El riesgo de que niños y adolescentes tengan acceso a contenido inadecuado para ellos en internet

Algunos padres deciden dar a sus hijos un teléfono que tiene acceso a internet. Si es el caso, es conveniente acudir a la oficina de la compañía de telefonía móvil y pedir asesoría sobre la forma de desactivar ciertas funciones o restringir el acceso a ciertos sitios de internet (filtro web). Incluso hay en la actualidad algunos teléfonos celulares diseñados específicamente para niños, que limitan el acceso a ciertos sitios web y controlan los minutos de uso.

En lo referente a la computadora, también hay que pedir asesoría para aprender cómo restringir el acceso a ciertos sitios web y poner contraseñas para el uso de ciertas funciones, de manera que cuando deseen usarlas, tendrá que ser porque los padres estamos al tanto y lo aprobamos.

Respecto de las redes sociales los chicos deben saber que los padres tenemos derecho a revisar eventualmente sus cuentas de Facebook y Twitter, para estar al tanto de con quién y de qué forma se relacionan. Esta supervisión no sólo es tu derecho como padre, sino también tu obligación.

## La "enajenación" en relación con el uso de los dispositivos e internet

En este contexto, "enajenación" significa dedicar tanto tiempo, energía e incluso dinero a internet, las redes sociales y los dispositivos, que se dejan de lado otras actividades de suma importancia, como el deporte y la convivencia con amigos y familia, las obligaciones escolares y la compra de artículos de primera necesidad, todo lo cual pasa a segundo o tercer plano.

Existen casos en los que este asunto llega a niveles tan altos que se diagnostica como una adicción a internet o a la computadora. Quienes experimentan este problema alcanzan un estado de euforia mientras los usan y ansiedad, desesperación o angustia si no pueden tener acceso a ellos. Pueden tener problemas para dormir y dificultad para concentrarse porque lo único que desean es volver a hacer uso del equipo.

Si tu hijo pasa o desea pasar tres o más horas en la computadora o en los videojuegos debes considerar que hay un problema y llevar a cabo acciones al respecto, tomando en cuenta las siguientes recomendaciones:

- Habla con tu hijo y explícale que lo que hace no es sano. Sé comprensivo para escucharlo y entender sus razones, pero también dile con firmeza que esta conducta no se permitirá de hoy en adelante. Infórmale que puede usar los aparatos sólo una hora o una hora y media al día, según la edad, cuando no se trate del uso para hacer tareas. Supervisa muy de cerca que cumpla con esa condición.
- Mueve la computadora o el aparato de videojuego a un lugar abierto de la casa que no esté dentro de su recámara, ya que así será más fácil de supervisar.

CON GOLPES NO... ¿ENTONCES CÓMO?

- Pon una contraseña que sólo tú conozcas para el ingreso a la computadora, de manera que sepas cuándo tu hijo comienza a usarla.
- Implementa en su vida otras actividades que le interesen, como *hobbies*, deportes, arte, etcétera.

Informa bien claro a tus hijos que cuando no cumplan tus reglas les retirarás el aparato (celular, computadora, iPad, iPod) un día o dos por cada vez que no cumplan. Deben entender que hablas en serio y que ellos deben respetar tus límites y tus condiciones.

## Sobre los videojuegos

Muy pocas cosas en la vida (si es que las hay) son totalmente "buenas" o totalmente "malas", absolutamente sanas o absolutamente insanas. Y éste es el caso de los videojuegos. Tienen su lado muy bueno pero también pueden convertirse en una tremenda amenaza para la salud emocional y psicológica de tus hijos.

Entre los beneficios que pueden aportar se encuentra el que contribuyen a desarrollar los reflejos y la coordinación visomotora, la cual es una herramienta clave para el desarrollo de habilidades como la atención y la concentración.

No obstante, existe la otra cara de la moneda que no debemos ignorar. Numerosos estudios realizados con niños y adolescentes de todo el mundo muestran que pasar muchas horas en esa actividad sedentaria les atrofia el desarrollo de músculos y huesos porque lo único que mueven son los dedos. Asimismo, cuando usan videojuegos violentos, van perdiendo la capacidad de sentir y expresar compasión, ternura e interés por las necesidades y los sentimientos de otros y aprenden a ver como normal la sangre, la agresión, el abuso y el asesinato.

El uso excesivo de videojuegos, aunado a los temas violentos, conduce a que en corto tiempo los chicos puedan comenzar a presentar depresión, mal humor, ansiedad y un consecuente deterioro en el rendimiento académico, así como la atrofia de la imaginación y la creatividad.

Para que tus amados hijos no sean víctimas de estos catastróficos efectos es necesario que observes estrictamente estas condiciones:

- No permitas que tus hijos usen el videojuego durante más de una hora al día. Este tiempo es más que suficiente. Provéeles además actividades sanas como el deporte, el arte y la convivencia con amigos y familia.
- Cuida mucho el contenido de los videojuegos que les compras o les permites utilizar y conócelo tú mismo antes de aprobar su uso.

## El riesgo de que niños y adolescentes no midan el peligro potencial al proporcionar información personal en redes sociales o sitios de internet

Es de suma importancia hacer conscientes a los chicos de que lo que informan, comparten o mencionan en internet tiene consecuencias, ahí se queda y puede llegar a muchísima más gente de las que ellos imaginan. Nunca podrán controlar que lo que le dicen a una persona ahí se quedará.

Por lo anterior, es muy conveniente que los hagas conscientes de que si comparten con alguien información personal, como números de teléfono, domicilios, correos electrónicos, datos bancarios, horarios y costumbres familiares, puede ser visto por otros que podrían hacer mal uso de dicha información.

## El riesgo de que sean víctimas o victimarios de ciberacoso

El acoso escolar ha existido siempre, pero en la actualidad se presenta una faceta que no se daba en otras épocas: el "ciberacoso". Esta forma de *bullying* ha merecido gran atención últimamente, debido a estudios que muestran que genera más suicidios en los chicos

CON GOLPES NO... ¿ENTONCES CÓMO?

que el acoso físico o psicológico. Una de las razones es el intolerable nivel de frustración e impotencia que experimenta la víctima de ciberacoso, ya que tiene cero posibilidades de borrar los videos, fotos o comentarios humillantes que se hacen de su persona, debido a que no tiene control sobre ello. El suicidio, pues, resulta la única puerta de salida para quien está atrapado en esto, es muy vulnerable emocionalmente, y no cuenta con el apoyo de alguien.

## El ciberacosador

Es aquel que humilla, molesta y acosa a alguien por medio de las redes sociales, salones de chat o cualquier sitio de internet. La actitud que debes tomar ante este problema debe ser firme y absoluta, es decir: ¡CERO TOLERANCIA! a que tus hijos lleven a cabo estas conductas. He aquí las siguientes recomendaciones:

- Enseña a tus hijos que no tienen derecho de subir fotos, videos o comentarios sobre otra persona sin su autorización, ya que al hacerlo puede herir sus sentimientos o causarle serios problemas. Ayúdales a comprender que la ética debe existir en todas las facetas de la vida humana, y la ética en el uso de internet y redes sociales no es la excepción
- No toleres que tus hijos usen el celular o internet para burlarse, intimidar o molestar a otras personas.
- Explícales que no es correcto que suban algo o se comuniquen con alguien fingiendo ser otra persona (un maestro, un compañero, etcétera).
- Si no respeta tus condiciones, quítale el equipo y los dispositivos hasta que esté dispuesto a entender que no tiene otra opción.
- Enséñales la empatía (ponerse en el lugar del otro), llevándolos a reflexionar sobre esto: "Imagina que fueras tú al que le hicieran o le dijeran eso... ¿cómo te sentirías?"

## *El ciberacosado*

Es posible que tu hijo esté siendo víctima de ciberacoso. Es muy importante que fortalezcas su confianza en ti, haciéndole sentir que lo proteges y lo apoyas, propiciando que hable de lo que está pasando sin juzgarlo y sin minimizar sus sentimientos con expresiones como "Estás exagerando" o "No les hagas caso", y asegurándole que es una persona valiosa y tiene derecho a ser respetado.

Inmediatamente hay que tomar acciones al respecto, averiguando quién lo está acosando, hablando con las autoridades escolares o con los padres del acosador, si es necesario, bloqueando y reportando a esa persona y saliendo de esa red social, salón de chat o sitio donde se está dando el acoso.

Siempre anima a tus hijos a confiar en sus corazonadas e instintos cuando tengan alguna sospecha, y a hablarte al respecto.

Dicho todo lo anterior, nos queda claro que al vivir en esta época donde los factores mencionados son parte de la vida, nuestra función como padres en relación con estos aspectos bien puede resumirse en lo siguiente: supervisión cercana y constante, amor, apoyo y protección en sus problemas, límites y reglas bien claras y firmes, y restricción de los dispositivos si no se cumplen.

Y así las cosas, podremos disfrutar junto con nuestros amados hijos del universo de información y maravillosas posibilidades que la tecnología nos ofrece.

## Las conductas inaceptables

En todas las familias (en algunas más que en otras) se presentarán conflictos entre los padres y sus hijos de cualquier edad. He conocido muchos, muchísimos casos extremos, donde los padres han perdido toda autoridad y sus hijos se han vuelto retadores, demandantes, déspotas y groseros en niveles alarmantes. Y los padres de estos chicos... confundidos, desesperados, sintiéndose impotentes ante la situación y dudando cada día más de que el asunto tenga remedio, y más aún, que el remedio sean ellos mismos.

CON GOLPES NO... ¿ENTONCES CÓMO?

Una madre me contó hace unos días que su hija de diez años pidió, insistió y exigió que la inscribieran en clases de baile. Los padres lo hicieron con esfuerzo. Al cabo de algunas clases ya no quería ir, y como ya estaba pagado todo el curso, los padres insistieron en que siguiera yendo. Ella es de por sí una niña retadora y grosera a la que no le ponen límite alguno. Así pues, la dejaban en el lugar de las clases y ella se escapaba a tomar helados o a vagar por ahí. Cuando llegaba la hora de recogerla, regresaba al lugar para que sus padres no se dieran cuenta, hasta que la maestra les informó que no estaba asistiendo. Los padres le dijeron que de ese día en adelante, si no asistía a una clase, le quitarían de sus ahorros el costo de ésta. Con esa actitud de reto y agresión que la caracterizaba, al día siguiente la niña les dijo: "No voy a ir a clase. ¿Cuánto cuesta?, para dárselos de una vez".

Los padres se quedaron impactados y decidieron no cumplir con la advertencia que le habían hecho. ¿La razón? "Se le van a acabar sus ahorros", dijo la madre. "¡Cumplan, por Dios!", les pedí. "Si es tan tonta para dejar que se le acaben sus ahorros es problema de ella. ¡Y adviértanle que es acumulable! Si se le acaban y sigue sin asistir, le irán descontando por adelantado lo de sus próximos domingos o mesadas".

No hay palabras para que yo te describa la frustración que me causa el ver tan seguido... ¡todos los días!, la debilidad de tantos padres de hijos de todas edades que toleran todo lo que toleran, sin considerar ni por un momento la enorme y profunda trascendencia que ello tiene.

Siempre digo que deseo de todo corazón que los padres lean mi libro *Hijos tiranos o débiles dependientes*, en el que elaboro con detalle la importancia de retomar nuestra autoridad y nuestro respeto, y cómo no hacerlo repercutirá dramáticamente en la vida futura de nuestros hijos, que en el fondo imploran que lo hagamos.

En este espacio, así como en el siguiente segmento referente a la pubertad y la adolescencia, rescataré algunas ideas que presento en mi citado libro, debido a que son estrategias muy efectivas y útiles para erradicar conductas inaceptables, implementar disciplina en casa y con ello ayudar a nuestros hijos a volverse fuertes y responsables.

Como te mencioné con anterioridad, sólo implementa acuerdos y consecuencias en las conductas de tus hijos que son *fuente de conflicto*. Eso por lo cual pelean, por lo cual les gritas, discuten y es causa de estrés.

Desglosaré detalladamente estas ideas de la siguiente manera:

1. Haz una lista de las situaciones que son *fuente de conflicto*, por ejemplo: la hora de hacer la tarea, de bañarse, que pongan la mochila en cierto lugar en vez de dejarla tirada, etcétera.
2. Establece *acuerdos y consecuencias* por escrito en relación con esas *fuentes de conflicto*. Los *acuerdos* son lo que esperamos de los hijos y las *consecuencias*, lo que sucederá si no los cumplen.
3. Escríbelos en una cartulina siguiendo el ejemplo que te doy más adelante.

Los acuerdos y las consecuencias deben tener ciertas condiciones para que funcionen:

- **Establecerlos de antemano:** De esta forma el niño estará advertido y sabrá qué esperar si infringe el acuerdo. Saberlo le da la oportunidad de evitar la conducta que le traerá cierta consecuencia. Así también, establecer los acuerdos de antemano, cuando estamos tranquilos, evita que pongamos consecuencias extremas al calor del enojo del momento, que luego no podremos cumplir.
- **Contingentes:** Esto significa que la consecuencia se debe aplicar lo más inmediatamente posible a la presentación de la conducta indeseable. La vida real es así: si meto la mano al fuego me quemo de inmediato, no la semana siguiente. La contingencia permite que se establezca una asociación entre el acto y la consecuencia, lo cual favorece enormemente la extinción de esa conducta. A veces puede suceder que el hijo

CON GOLPES NO... ¿ENTONCES CÓMO?

comete una falta que nos molesta muchísimo y nos parece absolutamente inaceptable, pero esa conducta no se encuentra dentro de nuestra lista de fuentes de conflicto. Entonces le diremos algo así como: "Esto que hiciste va a tener una consecuencia. Ahora estoy muy enojado (o ahora no sé qué) pero te lo diré mañana (o al rato)". No dejes pasar demasiado tiempo, máximo un día, y tampoco te hagas de la vista gorda y dejes de cumplir porque ya se te bajó el coraje.

- **Congruentes con la falla:** Ésta es otra ventaja que nos trae el hecho de establecer las consecuencias de antemano, para no cometer el error de poner una del tamaño de un elefante, cuando la falla es del tamaño de un ratón. O viceversa, la falla es del tamaño de un elefante, y la consecuencia es de un ratón. Ser padres justos es uno de los más valiosos regalos de amor que podemos dar a nuestros hijos.

- **Firmes y consistentes:** Cada vez que una madre o un padre me dice que aplica todo pero nada le funciona para corregir conductas inaceptables en sus hijos, les respondo: "¡Te aseguro que lo haces a veces sí y a veces no!" Invariablemente reconocen que así es. ¡Esto es importantísimo! Aplicar las consecuencias a veces sí y a veces no refuerza fuertemente la conducta indeseable y confunde a los niños respecto de qué esperar, sin mencionar cuánto perdemos la credibilidad y la autoridad ante ellos.

- **Claras, específicas, concretas:** En el capítulo 6, referente a los aspectos que causan conflictos entre padres e hijos, hablé ampliamente acerca de cómo la comunicación subjetiva genera confusión y conflicto, y de la gran importancia de ser claros y específicos a la hora de comunicarnos. Cuando los acuerdos y las consecuencias son claros, específicos y concretos, incrementa enormemente la posibilidad de que la estrategia funcione.

- **Plantéalo en términos positivos:** Es mucho más factible que el niño responda a un acuerdo cuando se lo expresas en términos positivos. De tal forma que en lugar de decir: "No verás televisión después de las seis de la tarde", dirías: "La televisión se apaga a las seis de la tarde"; en lugar de: "No comerás postre si no terminas tu sopa", dirías: "Tendrás postre sólo si comes toda tu sopa".

A continuación veamos un ejemplo que nos clarifique todo lo que acabamos de presentar:

| ACUERDO | CONSECUENCIAS (Si no se cumple el acuerdo) |
|---|---|
| Vas a jugar con tu videojuego sólo una hora al día. | Si no respetas el horario, se suspenden los videojuegos por dos días. |
| Cuando llegues de la escuela, poner la mochila en... | El día que la dejes tirada, se suspende la televisión esa tarde. |
| Meterte a bañar a la primera vez que te lo digo. | Si lo tengo que repetir porque me ignoras, al día siguiente se te restringe el iPad. |

Una vez que has elaborado este cartelón, se lo presentas a tu hijo diciéndole que desde hoy, desde mañana, el lunes... las cosas se van a manejar así. Se lo explicas aclarándole que sólo vivirá las consecuencias si no cumple con el acuerdo. Si no quiere que éstas le sucedan, simplemente debe respetar el acuerdo y nunca tendrá que vivir las consecuencias.

Ten cuidado de no cometer el error de sermonear sobre el nuevo método, diciendo los días posteriores cosas como: "Ya estás advertido, ¿eh? Si no haces tal cosa, pasará tal otra"; "Acuérdate que sólo es una hora de videojuego, porque si no, mañana bla bla bla..." Ya has dado la explicación, y tu única función después de eso será cumplir la consecuencia si el acuerdo se infringe.

Una recomendación en la que muchos expertos en disciplina y educación de niños insisten es en que se deben establecer las llamadas "consecuencias lógicas"; no cualquier consecuencia. Signifi-

CON GOLPES NO... ¿ENTONCES CÓMO?

ca esto que la consecuencia debe tener total relación con el asunto que se infringe. Por ejemplo: "Si no te bañas en la noche, por la mañana tendrás que llevar a la escuela la misma ropa sucia del día anterior, ya que uno no se pone ropa limpia si está sucio".

Desde mi muy personal punto de vista, con base en mi experiencia profesional, a veces encontrar consecuencias lógicas resulta sumamente difícil para la mayoría de los padres, que andan cansados, estresados, abrumados por sus asuntos financieros o familiares como para pedirles que se quiebren la cabeza encontrando las "consecuencias correctas".

No pongo en duda que los expertos tengan razón y lo mejor será establecer consecuencias lógicas. No obstante, en mi experiencia profesional, también se pueden lograr cambios realmente profundos, sustanciales y permanentes en conductas inaceptables, aplicando consecuencias, aunque no necesariamente sean lógicas.

Para terminar este apartado, recordemos que hay cosas en la vida con nuestros hijos (de todas edades) que podemos concederles, otras que podemos negociar y otras que son *¡no y punto!*

> **Aunque llores, te enojes, grites, patalees o hagas lo que hagas, de todas maneras...**

Esta frase "mágica" que también mencioné en la sección sobre preescolares puede detener las quejas y los reclamos de los hijos... o no... Pero les deja ver, sin lugar a dudas, que cuando la expresas no hay vuelta de hoja.

# Púberes y adolescentes: 11 a 18 años

Se llama pubertad a la primera etapa de la adolescencia, entre los once y los catorce años aproximadamente. Como es bien sabido, al entrar en la pubertad comienzan a suceder grandes cambios físicos y psicológicos en los chicos, inducidos por el "despertar" hormonal que a su vez influye de manera profunda en la conducta. Los cambios físicos no tardan en aparecer: las piernas y los brazos se prolongan, los huesos se engrosan y las caderas de las niñas se ensanchan; los músculos aumentan de volumen, y asimismo el tejido adiposo. Todos los llamados caracteres sexuales secundarios aparecen, y con esto el torrente de emociones que en ocasiones ni siquiera ellos pueden comprender, y mucho menos manejar.

Con frecuencia los padres están preocupados por alguna actitud o comportamiento de su hijo adolescente, que es normal y hasta sano. El desconocimiento nos lleva a malinterpretar las cosas que no deberían preocuparnos. Veamos algunos de los muchos aspectos de la adolescencia, que es necesario conocer.

Comencemos por entender que con base en la teoría del desarrollo psicosocial de Erik Erikson, la "tarea de vida" en la adolescencia es nada menos que *establecer la propia identidad,* que incluye la búsqueda de la *propia personalidad* y *filosofía de la vida.* Una herramienta que la psique usa para lograrlo es la rebeldía, que se expresa al establecer y defender los propios intereses, yendo en contra de las reglas y experimentando lo que los padres decimos que no se debe hacer.

Mientras más presión y más control, más rebeldía. Esto significa que con los adolescentes hay que negociar, no imponer, porque cuando imponemos, prohibimos, controlamos y presionamos demasiado, de seguro que se irán al otro extremo, justamente a lo que les estamos prohibiendo. Un equilibrio entre disciplina y libertad, autoridad y respeto a sus necesidades es indispensable.

Algo que preocupa mucho a los padres de adolescentes es que casi todos los chicos con frecuencia se comportan de manera impulsiva, imprudente y a veces peligrosa, como si no dimensionaran las consecuencias de sus actos. Esto tiene una explicación biológica. Diversos estudios ofrecen interesantes explicaciones de este comportamiento impulsivo, imprudente e irracional que muestran los adolescentes.

Resulta que existe una parte del cerebro llamada amígdala, que es la responsable de ese tipo de reacciones instintivas, impulsivas

CON GOLPES NO... ¿ENTONCES CÓMO?

y agresivas. La amígdala se desarrolla desde la infancia temprana. Sin embargo, el área del cerebro que se encarga del razonamiento y la toma de decisiones prudentes, inteligentes y racionales es la corteza frontal, cuyo proceso de maduración no termina en la niñez, sino que continúa durante la adolescencia y hasta aproximadamente los veintiuno a veintitrés años.

Los adolescentes, pues, toman decisiones y reaccionan más bien guiados por la amígdala que por la corteza frontal, pero justamente para eso estamos los padres: para contenerlos, ponerles límites, guiarlos y ayudarlos a desarrollarse de la mejor manera posible.

Otro aspecto que se presenta con mucha fuerza en los adolescentes, que por cierto es muy normal y sano, es el gran interés que tienen por estar con sus amigos, con los cuales son solidarios y apoyadores. Muchos padres se molestan por esto o se sienten lastimados de que sus hijos prefieran salir con los amigos que con ellos. Pero la socialización es importantísima en esta etapa, ya que por medio de ella los jóvenes aprenden importantes valores como solidaridad, compromiso, responsabilidad y fidelidad, que cuando sean adultos generalizarán a otras relaciones como la de pareja, hijos y trabajo. Negocia con tu hijo adolescente para acordar ciertos tiempos en que convivan con la familia y que también puedan estar con sus amigos y disfrutar plenamente de su compañía.

Los adolescentes pueden llegar a desarrollar tal grado de solidaridad con sus amigos, que a veces, como resultado de ésta, les guardan secretos que no deben ser guardados. Por ejemplo: que la amiga está siendo abusada por un maestro, que el amigo está consumiendo drogas, que el amigo habla de que quiere suicidarse o que la amiga tiene bulimia. Hay que enseñar a los hijos que guardar esos secretos no es sano ni conveniente para nadie, en especial para su querido amigo. Que eso no es solidaridad y que hablar de esos temas con un adulto que pueda ayudar no significa una traición sino, por el contrario, una muestra de verdadera amistad.

Puede darse el caso de que algún amigo de tu hijo no te guste. Cuando esto suceda, te recomiendo que evites criticarlo constantemente, tratarlo de forma descortés cuando va a tu casa y menos aún

139

le prohíbas verlo. Con estas actitudes sólo lograrás que se apegue más a ese amigo y, créeme, lo seguirá viendo, solamente que lo hará a tus espaldas. Mejor dile a tu hijo, una o dos veces nada más, por qué ese amigo no te agrada, cuáles son tus razones para desear que lo deje, y supervisa de cerca esa relación. Confía en que en algún momento tu hijo verá por sí mismo y se irá alejando por propia convicción. No obstante, hay ocasiones en que sí debes intervenir firmemente para alejar a tu hijo de una amistad; por ejemplo:

- Cuando peligra su integridad física, psicológica o su vida.
- Cuando existe una gran diferencia de edades, por ejemplo, si tu hijo es un niño y su mejor amigo es un adolescente o un adulto. O un adolescente con un amigo adulto.

Una clave para tener una relación armoniosa con nuestros adolescentes, es dejar de criticarlos y juzgarlos. Porque ¡lo hacemos tanto! Tal vez sea la etapa de la vida en que los seres humanos somos más criticados, y esta actitud cierra las puertas de la disposición y la confianza, las cuales necesitamos tener bien abiertas para poder acompañarlos amorosamente a lo largo de esta agitada etapa de su vida.

Una herramienta efectiva para lograr esa relación lo más armoniosa posible con tus hijos adolescentes, es aprender a negociar con ellos, lo cual ayudará a evitar conflictos y a solucionar los que ya existen. Para que una negociación sea realmente efectiva, es necesario tener la firme disposición de:

- No criticar o juzgar las ideas del otro
- No intentar convencer al otro sobre tu opinión
- Tener bien claro que no es una competencia

Tanto los padres como el adolescente están en todo su derecho de desear lo que desean, aunque esto no significa necesariamente que así se hará.

En general, los adolescentes están muy dispuestos a negociar, cuando les "vendemos la idea" de manera apropiada; algo así como:

CON GOLPES NO... ¿ENTONCES CÓMO?

"Debes estar harto y cansado de que siempre gritamos y peleamos por este tema. Yo también lo estoy. Te propongo que lo negociemos para que ya no tengamos que estar peleando por esto". Aunque ponga cara de mala gana, créeme que le gusta la idea.

Una muy efectiva herramienta de negociación es la llamada "negociación ganar-ganar", que es aplicable no sólo en las relaciones entre padres e hijos, sino también en las de pareja, de trabajo, de amistad y de todo tipo. Su eficacia en todas las áreas está comprobadísima. Como bien lo describe su nombre, se trata de que ambas partes involucradas en la negociación ganen; para ello es necesario comprender que se tiene que ceder algo, ser flexibles, estar abiertos y dispuestos a ampliar nuestro punto de vista, a ponernos en los zapatos del otro para entenderlo, y ser capaces de llegar a un acuerdo. Ambos cedemos, pero también ambos ganamos.

A continuación te ofrezco un ejemplo de una negociación ganar-ganar entre los padres y su hijo adolescente, basándome en los pasos propuestos por Thomas Gordon en su libro *PET, (Padres y Madres Eficaz y Técnicamente Preparados)*, que te recomiendo mucho.*

Lo primero es hacer una lista de las *fuentes de conflicto*. Recordarás que éstas se refieren a eso por lo cual peleas, gritas, te estresas todos los días o con frecuencia. Con los adolescentes, esas fuentes de conflicto casi siempre tienen que ver con días de salir, horas de llegar, cooperación en casa, uso de aparatos electrónicos, dinero que se les da para sus gastos, etcétera.

Una vez realizada dicha lista, pasaremos a negociar cada punto escrito en ella. Veamos:

## La negociación ganar–ganar

**Paso 1**. Tanto los padres como el hijo expresan por escrito, cada uno en una hoja de papel y de manera clara y concreta, cuáles son

---

* He realizado algunas modificaciones a la propuesta original de Thomas Gordon en su libro *PET*.

sus necesidades o deseos respecto de cada uno de los puntos escritos en la lista de fuentes de conflictos. Por ejemplo:

| PADRES | HIJA/O |
|---|---|
| Que salgas en la noche una vez cada quince días | Salir todas las noches |
| Que regreses a casa a las once de la noche | Llegar a las cuatro de la mañana |
| Darte $100.00 por semana | Que me den $500.00 por semana |
| Todos los sábados pasar la tarde con la familia | Los sábados poder salir con mis amigos desde la mañana. |

Al leer cada uno la propuesta del otro, es muy común que se sientan tentados a expresar su desacuerdo. Los padres dicen cosas como: "¡Qué te pasa!, ¡ni lo sueñes! ¡No vas a llegar a esa hora!", y el hijo dice cosas como: "¿Llegar a las once de la noche?", "¡Qué anticuados! ¡No tienen idea de lo que están diciendo!" Recordemos la importancia de no juzgar o criticar los deseos del otro, porque cada uno está en todo su derecho de desear lo que desea y de expresarlo.

**Paso 2**. Elaboramos uno por uno cada punto, expresando cada quien, de manera abierta y clara, sus razones para desear y proponer lo que ha planteado. Pregúntale a tu hijo por qué quiere llegar a esa hora, para qué quiere $500.00 por semana, revisa los gastos fijos que tiene para decidir la cantidad que necesita, etcétera. Y, asimismo, tú explícale por qué quieres que llegue a tal hora o salga tales días, o que pase los sábados con la familia. Hagan su mejor esfuerzo para no criticarse ni juzgarse.

**Paso 3**. Una vez evaluadas cada una de las propuestas hay que tomar las decisiones que sean más convenientes, cediendo y ganando.

**Paso 4**. Anotar en una nueva hoja de papel esos acuerdos, de manera específica, concreta y clara:

- Quién va a hacer qué
- Desde cuándo
- Por cuánto tiempo
- Qué días
- A qué hora
- Cómo, etcétera

Por ejemplo:

| ACUERDOS |
|---|
| Salir de noche una vez por semana y cada quince días, dos veces. |
| Llegar a la 1:00 a.m. y una vez al mes a las 2:00 a.m. |
| $250.00 por semana. |
| Un sábado pasar la tarde con la familia y otro con los amigos. |

Cada uno firma al calce. Firmar algo ejerce una fuerza poderosa; nos hace sentir que es un compromiso serio (porque lo es) y esto nos ayuda a cumplirlo.

**Paso 5**. Verificar los resultados después de algún tiempo (tres o cuatro semanas):

- ¿Están funcionando las soluciones que elegimos?
- ¿En realidad todos estamos a gusto?
- ¿Está satisfaciendo las necesidades de todos?
- ¿Han cambiado las circunstancias de manera que ya no nos sirve esa solución?
- ¿Nos comprometimos demasiado y no estamos pudiendo cumplir?

**Paso 6.** Si es necesario, modificamos los acuerdos, o continuamos con ellos si están funcionando. Recuerda esta regla de oro: hay cosas que son negociables, otras pueden concederse al gusto y a la medida de los deseos de tu hijo y otras son *¡no y punto!*

> "Aunque llores, grites, patalees o hagas lo que hagas, no te voy a dar permiso de ir a esa fiesta porque..."

## Los premios

¿Es conveniente premiar a los hijos por lo que consideramos un buen comportamiento, por sus buenas calificaciones o por sus logros? La respuesta a esta pregunta es muy amplia y relativa, pero existen ciertos lineamientos que te darán la pauta para que tomes tus propias decisiones y acciones al respecto.

Lo que llamamos "premio" es una consecuencia agradable que se obtiene por un comportamiento deseado; a veces es algo material, y en otras ocasiones va desde un paseo hasta el reconocimiento verbal o alguna de las muchas posibles muestras de afecto que los niños tanto necesitan y disfrutan. Recuerda: a lo que le pones atención, lo refuerzas.

El premio, pues, en cualquiera de sus manifestaciones, es un útil recurso en la tarea de ayudar a nuestros hijos a aprender de la vida y a forjar su carácter. No obstante, algunos padres exageran su uso y los premian indiscriminadamente. Los hijos, a su vez, se vuelven demandantes y exigen su premio por cualquier cosa que hacen o dejan de hacer, convencidos de que sus padres "siempre les deben algo". Otros padres, en cambio, se van al extremo opuesto y jamás les dan alguna muestra de reconocimiento por acciones que sin duda lo ameritan.

### ¿Cuándo es recomendable dar premios a los hijos?

Niños, adolescentes y hasta hijos adultos merecen un premio cuando logran algo fuera de lo cotidiano, como enfrentar un reto,

CON GOLPES NO... ¿ENTONCES CÓMO?

dominar por fin un aprendizaje, vencer con valentía un obstáculo, alcanzar una meta, etcétera. El premio se llama también "reforzador", justamente porque fortalece la conducta que lo ameritó.

Los niños necesitan el reforzamiento externo proveniente de los adultos significativos, como padres, familiares y maestros, no sólo porque se siente bien, sino porque les sirve como un punto de referencia que los guía por la vida y les da seguridad. No obstante, en la medida que crecen, es de suma importancia propiciar que tus hijos aprendan que las agradables sensaciones que aporta un trabajo bien hecho, el cumplimiento de una promesa o el logro de una meta, son un premio por sí mismas. Esta satisfacción es una recompensa intrínseca, que no depende de nadie, sino de uno mismo, para obtenerla. Permitir que tus hijos experimenten esto les ayudará a desarrollar la capacidad de darse a sí mismos el reconocimiento por sus logros, en lugar de necesitar siempre que alguien más lo haga. El depender de otros para obtenerlo nos hace sumamente vulnerables e inseguros, ya que con mucha frecuencia no habrá nadie dispuesto a dárnoslo, y también con mucha frecuencia sí habrá alguien dispuesto a descalificarnos.

### ¿Cuándo no es recomendable dar premios a los hijos?

Todos tenemos obligaciones congruentes con nuestra edad y con otra serie de variables relativas a cada persona. Asimismo, cada uno debemos observar ciertas normas de conducta que nos facilitan la vida y nos hacen las relaciones sociales más llevaderas. Nunca deberías premiar a un hijo por cumplir con sus obligaciones, como hacer su tarea, recoger sus juguetes, cumplir un acuerdo, tender su cama, comer alimentos sanos, dejar de fastidiar a sus hermanos, cooperar en las tareas de casa, apagar la televisión o el videojuego cuando tú lo indicas, etcétera. Todas éstas son cosas que deben hacer, y premiarlos por ello les da el mensaje de que al llevarlas a cabo te están haciendo un favor, cuando la realidad es que su cumplimiento es lo esperado, y su omisión, inaceptable.

Conozco a una familia que es el vivo ejemplo de esta actitud. Los hijos de nueve y siete años repiten constantemente después de casi cada una de las indicaciones que sus padres les dan: "¿Y qué me vas a dar?", o "Bueno, pero me compras algo". A estos padres, como a tantos otros, les cuesta muchísimo expresar la respuesta radical, firme, concreta y definitiva que esta actitud amerita: "¡NADA!"; "¡NO!... ¡y punto!"

Es de suma importancia que recuerdes que a cualquier edad es muy probable que tus hijos inconscientemente te pongan a prueba para ver si hablas en serio. Esto es muy común que suceda, sobre todo cuando los padres no cumplen lo que dicen y por lo tanto su credibilidad ante sus hijos se ha debilitado. Esta "etapa de prueba" significa que tus hijos no cumplirán los acuerdos; incluso tal vez repitan la conducta indeseable mucho más que antes, con la intención (inconsciente) de confirmar que hablas en serio y de saber qué esperar.

Si eso te sucede no te desesperes ni claudiques; créeme que si tú eres consistente en cumplir las consecuencias SIEMPRE que sea necesario, las cosas funcionarán. Refrena tus ganas de gritar, advertir, sermonear. Simplemente ocúpate de cumplir con lo que has establecido. Lo demás viene por añadidura.

**CAPÍTULO 8**

# LOS CONFLICTOS FAMILIARES Y LA COMIDA

Hace unos días me encontraba dando consulta a una joven pareja, desesperada por los conflictos que se suscitan con su pequeño de cuatro años a la hora de comer. Mientras los escuchaba y les daba recomendaciones sobre el manejo de esas situaciones, caí en la cuenta de con cuánta frecuencia escucho este tipo de lamentos de los padres que atiendo: que el hijo no quiere comer, que en lugar de quedarse sentado a la mesa se para a jugar constantemente, que pelea con sus hermanos, que escupe los alimentos, que sólo acepta tres o cuatro cosas y nada más le gusta, y situaciones aún peores que abruman a los padres y también a los hijos. Fue con base en eso que decidí incluir en este libro un capítulo dedicado a este tema.

Comencemos por reflexionar un poco al respecto. Comer es en sí mismo uno de los estupendos placeres de la vida y la comida no sólo es un medio para nutrirnos y mantenernos sanos, sino para convivir con otros y, de forma especial, con nuestros seres queridos con los que vivimos. Hay una fuerte carga emocional alrededor de la comida y del momento de comer. De éste se espera que sea relajante, placentero, y un lazo que une a la familia. Muchos padres y madres que trabajan hacen lo imposible por ir a comer a casa, porque consideran que es muy importante compartir esos momentos con su familia. La fantasía que casi todos (por no decir todos) concebimos en la mente, es la de una familia feliz, compartiendo deliciosos alimentos y conversando afectuosamente mientras disfrutan cada bocado.

Pero la vida real es diferente. Lo que sucede en la mayoría de los hogares es lo siguiente: niños que se niegan a comer mientras sus desesperados padres suben el tono de la voz y de sus modales tratando de convencerlos; adolescentes que pelean entre sí durante la hora de compartir los sagrados alimentos; parejas que discuten y familias que ven la televisión mientras comen, aislados los unos de los otros... ¡Qué lejos está la realidad, de la acartonada fantasía de la familia feliz, serena y bien comportada alrededor de la mesa!

Al ver que esa imagen no se cumple en su hogar, muchos padres se sienten frustrados, fracasados, insuficientes, inadecuados, lo cual de entrada predispone a un displacer y a un rechazo hacia la hora de comer, y refuerza los problemas que se tengan al respecto. Un padre me decía que mientras maneja del trabajo a casa para comer con su familia, se le frunce el estómago nomás de imaginar la cotidiana batalla campal que le espera, por situaciones como las mencionadas antes.

La pura verdad es que aun los padres más eficientes y perfectos (si los hubiera) lidian con hijos que dan problemas alrededor de la comida: porque comen mucho o porque no comen, porque lo hacen muy rápido o demasiado lento, porque discuten o porque no hablan, porque sí, porque no, o porque tal vez, pero casi nadie se salva de estas contiendas.

Así pues, bien ubicados en la realidad de este asunto, ahora pasemos a revisar y a proponer algunas recomendaciones sobre los que considero los conflictos más comunes que se suscitan con los hijos a la hora de comer, con la esperanza de que encuentres alguna solución o, en el menor de los casos, los sufras menos.

## Mi hijo no quiere comer

Es importante conocer que estas dos cosas son comunes y normales:

**1. Que los niños rechacen determinados alimentos y sólo quieran consumir algunos.** Existe un fenómeno llamado "neo-

LOS CONFLICTOS FAMILIARES Y LA COMIDA

fobia" que significa miedo a lo nuevo. En los niños de alrededor de uno a dos años, ésta se manifiesta con intensidad en relación con su rechazo por los alimentos y los sabores nuevos. La naturaleza es muy sabia; los científicos han concluido que la neofobia protege a los niños de esta edad —que es cuando empiezan a caminar y a explorar el mundo por sí mismos— de ingerir alimentos tóxicos, de tal forma que la neofobia es un mecanismo de sobrevivencia.

En los niños de tres a cinco años se observa que sólo aceptarán sabores nuevos cuando los han probado más de seis veces. En cambio, los niños mayores tienen menos resistencia a probar alimentos nuevos, aunque terminen sin gustarles, pero por lo menos se atreven a probarlos.

Siempre me he cuestionado por qué a los niños no les gustan las verduras. Encontré una información muy interesante proporcionada por investigadores de la Universidad de Granada, España, en la que explican que el sabor un poco amargo del calcio, que está muy presente en verduras como las espinacas y las acelgas, la col, la cebolla, el brócoli, puede ser un factor que hace que el sabor de dichas verduras resulte desagradable para los niños.

Por lo general, ese disgusto por los sabores nuevos y por las verduras se desvanece por sí mismo con el paso del tiempo. Recuerdo que cuando yo era niña sólo me gustaba un par de cosas y nada más; las verduras, ¡ni de lejos! Poco a poco eso fue cambiando por sí solo, y antes de la pubertad ya comía prácticamente de todo y lo disfrutaba.

**2. Que tengan etapas en las que comen muy poco, como si su apetito se hubiera escapado por la ventana.** Entre los dos y los seis años, pasan por varias etapas respecto de la comida: episodios de falta de apetito, episodios de gran apetito. Por lo general, sus etapas de inapetencia se regulan de forma espontánea y no son causa de problemas de desnutrición. Estas situaciones son normales; sin embargo, el hecho de que los niños no coman las cantidades y los alimentos que los padres consideran "adecuados", a muchos los llena de preocupación y temor de que se puedan enfermar o desnutrir. Si ese es tu caso, te recomiendo que consultes con el pediatra para que examine a tu hijo y te dé las recomendaciones que considere pertinentes. Por mi parte, te ofrezco lo siguiente:

## Recomendaciones que pueden ayudar

*a)* La hora de la comida debiera ser tranquila y agradable. Dale una buena revisada a las situaciones que evitan que así sea y trata de modificar todo lo que esté en tus manos para lograrlo.

*b)* Involucrarlo en el proceso de servir la comida, según su edad y sus capacidades, puede motivarlo a comer.

*c)* Usa tu imaginación y tu creatividad para propiciar que coman las verduras o esos alimentos que rechazan pero que son buenos para una completa nutrición. Yo veo que mi hija Marcia le pone a la salsa de la pasta algunas verduras como calabacitas y zanahorias, que muele junto con los demás ingredientes. Mi nieto las come feliz de la vida. También corta gajos de manzana y las pone encima crema de cacahuate (sin azúcar), lo cual le encanta a mi nieto. Asimismo, le forma banderillas con cuadritos de queso y un tomate cherry consecutivamente, ensartados en un palito; ésa es la única forma en que el niño acepta comer tomate. La idea, pues, es que busques la forma de enmascarar las verduras y otros alimentos que consideras importante que coman, con salsas, cremas y cualquier otro ingrediente.

*d)* Revisa cuáles son tus reacciones cuando tu hijo se niega a comer. ¿Le das la comida en la boca? ¿Le insistes verbalmente para que coma? ¿Lo amenazas con que no habrá postre o no lo llevarás al parque? ¿Lo regañas o, peor aún, le pegas? Todas éstas son formas de darle atención. Cuando un niño se vuelve la estrella a la hora de comer, cuando recibe demasiada atención si no come —aunque sea para regañarlo— se reforzará esa conducta. Recuerda que todo lo que le proporciona atención lo repetirá.

*e)* Con base en lo anterior, lo recomendable es que le "anuncies" a tu hijo que de hoy en adelante simplemente le ser-

LOS CONFLICTOS FAMILIARES Y LA COMIDA

virás su comida, y si no termina cuando todos lo hayan hecho, le retirarás el plato y tendrá que esperar hasta la cena. ¡Y cúmplelo! Cuida de no darle golosinas en la tarde. Probablemente de manera inconsciente te ponga a prueba para saber si es cierto, y repita esa conducta por varios días. Resístete a dar sermones y peroratas al respecto y simplemente cumple. Verás que las cosas cambiarán.

*f)* Involucra a tu hijo en el proceso de elegir el menú de la semana. Siéntense cómoda y agradablemente a escribirlo. Si ya sabe escribir, permite que él lo haga, y que también tome parte en la elección de los platillos para cada día de la semana. En la mañana, mientras se arregla para ir a la escuela o mientras lo llevas, comenta sin darle demasiada importancia que ahora toca tal cosa, según la tabla que él escribió y ayudó a formular.

*g)* Si lo tienes, quita ya el mal hábito de ver la televisión a la hora de comer. El porqué me parece tan obvio que no me extenderé en hablar de eso.

*h)* Revisa si antes de la comida ingiere golosinas. Aunque sea una pequeña, pues le quitará completamente el apetito, y más aún si es dulce.

*i)* La congruencia de los padres es necesaria para desarrollar los buenos hábitos alimenticios de los niños. Si aquéllos no comen frutas y verduras, si toman refrescos cargados de azúcar todos los días, etcétera, no pueden esperar que sus hijos lo hagan diferente.

*j)* Por ningún motivo uses premios, castigos ni agresión física o psicológica para lograr que tu hijo coma. Eso jamás resolverá la situación y sí creará, tanto en ti como en tu hijo, una desagradable predisposición hacia la comida y la hora de comer. Con frecuencia, el haber crecido viviendo castigos, premios o violencia a la hora de comer, establecerá patrones insanos de relación con la comida que pueden perpetuarse por muchos años, o incluso para toda la vida.

*k)* Si tu niño tiene falta de apetito, pero es activo, juega y corre, seguramente se trata sólo de una etapa. Pero si además de no querer comer está decaído, parece triste o presenta otros síntomas como diarrea, vómito y fiebre, entonces será necesario llevarlo con el pediatra de inmediato.

*l)* Si la falta de apetito de tu niño dura más de un mes, puede deberse a la falta de alguna vitamina o mineral. Los médicos aseguran que si la madre sufrió anemia durante el embarazo, el niño probablemente tendrá bajos niveles de hierro y zinc, lo cual provoca pérdida de apetito. En este caso, también será indispensable acudir al pediatra.

*m)* Siempre ten en cuenta que el tamaño del estómago de tu hijo es como el puño de su mano, o un poquito más grande. Tener conciencia de esto te ayudará a evaluar si tienes expectativas muy altas en cuanto a la cantidad de comida que esperas que tu hijo ingiera para considerar que ha comido bien.

Karen Le Billon es la autora de un libro llamado *French Kids Eat Everything (Los niños franceses comen de todo)*. Ella cuenta que alimentar a sus hijas era extremadamente difícil: casi nada les gustaba, no querían probar cosas nuevas, y la hora de comer era estresante para todos, por la dificultad de lograr que las niñas comieran lo que se les servía.

Por razones personales tuvieron que mudarse al norte de Francia por un año y ella se sorprendió al ver que los niños franceses comían de todo sin problemas ni discusiones; por el contrario, lo hacían alegremente. Esto la llevó a pensar que había algo que los padres franceses hacían para lograr esto, y se dio a la tarea de investigar al respecto y entrevistar a muchos de ellos.

Enseguida comenzó a aplicar esos consejos en sus hijas, obteniendo resultados increíblemente positivos y logrando que ellas comieran con gusto toda clase de vegetales, frutas y cualquier platillo que les pusieran sobre la mesa. Después de un año volvieron a Estados Unidos y estos hábitos alimenticios de sus hijas y su gusto por la comida sigue siendo una constante en su hogar.

Con base en esta experiencia, Karen Le Billon escribió el libro mencionado, en el cual establece que hay ciertas actitudes y con-

## LOS CONFLICTOS FAMILIARES Y LA COMIDA

ductas que los padres franceses llevan a cabo y que ella siguió para lograr los sorprendentes resultados que consiguió con sus hijas, las cuales considera reglas básicas que todos los padres pueden seguir:

- Los padres y no otra persona se hacen cargo de la educación alimenticia de sus hijos.
- Evitan usar la comida como alimento emocional. La comida no es un calmante, un castigo ni un premio.
- La hora de comer debe ser un momento agradable e incluso divertido. La familia se sienta a la mesa, trae conversaciones agradables y no tiene distracciones como televisión, celulares o juguetes.
- Los niños comen *lo mismo* que los adultos.
- Comen frutas y verduras de todos los colores.
- "No tiene que gustarte, pero sí tienes que probar". Ésta es una consigna que los padres franceses manejan con sus hijos, respecto a los alimentos nutritivos que son nuevos o que no les agradan. Se considera que después de siete veces de probar un alimento, termina gustándole a los niños. Todos tenemos derecho a que no nos agraden algunas cosas, pero desarrollar en los niños el hábito de probar para conocer a qué sabe y a qué le están diciendo no, promueve que desarrollen la apertura por lo nuevo.
- Permiten por lo mucho dos golosinas diarias y no menos de una hora antes de comer.
- Se dan tiempo para cocinar y comer.
- Consumen principalmente comida elaborada en casa. La comida chatarra, rápida o preelaborada es muy ocasional.

Karen Le Billon es autora del libro mencionado y otros que están escritos en inglés y que lamentablemente no han sido traducidos al español. Pero si esto no es un problema para ti, te recomiendo ampliamente que los leas.

Cuando profundizamos en los consejos de quienes han logrado un hábito o una conducta que nos parece importante y deseable, ¡cuánto se aprende y cuántas alternativas se abren ante nosotros!

# RECAPITULANDO

Rescatemos y reforcemos algunas ideas clave que he presentado en este libro:

- Golpear a un niño con frecuencia o de vez en cuando siempre es un abuso, ya que éste se define como el uso de la fuerza y el poder sobre otro que es más vulnerable e indefenso. Un niño, respecto de un adulto, siempre lo es.
- ¿Por qué golpear a un adulto es inaceptable, pero golpear a un niño no lo es?
- Todas las formas de maltrato tienen influencia en la infancia, la juventud y la edad adulta de los niños que ha sido víctimas de éste.
- Suponiendo que los golpes no tuvieran ninguna repercusión en la vida de los niños, ¿por qué optar por este método de crianza cuando hay otros? ¿Por qué elegirlo, si implica causar dolor y temor a un niño?
- Cuando se le pega a un niño, no se tiene la intención de educarlo; sólo se está desahogando la frustración, la rabia y los conflictos emocionales del padre que golpea.
- La buena comunicación de los padres hacia sus hijos conlleva un lenguaje concreto, específico y claro.
- Los factores que con más frecuencia son causa de conflicto son: la percepción, el lenguaje subjetivo y ambiguo, la falta de em-

RECAPITULANDO

patía, la falta de respeto por las diferencias individuales, la necesidad de tener razón y ciertos aspectos del medio ambiente.

- La "tarea de vida" de los niños en edad preescolar de 1½ a 3 años, es LA AUTONOMÍA. De 3 a 5 años es LA INICIATIVA.
- La "tarea de vida" de los niños en edad escolar, de 6 a 11 años, es LA LABORIOSIDAD.
- La "tarea de vida" de los púberes y adolescentes es ESTABLECER LA PROPIA IDENTIDAD, que incluye la búsqueda de la PROPIA PERSONALIDAD y la FILOSOFÍA DE LA VIDA.
- La forma más efectiva de madurar y volvernos responsables a todas edades es VIVIENDO LAS CONSECUENCIAS DE LO QUE HACEMOS.
- La autoridad y la disciplina hacen sentir seguros a los hijos, forjan un carácter fuerte en ellos y les permiten lograr metas y realizar sueños.
- En la vida con tus hijos hay cosas que son negociables, otras que pueden concederse al gusto y a la medida de sus deseos y otra que son ¡NO Y PUNTO!
- AUTORIDAD, DISCIPLINA Y LÍMITES + MUCHO AMOR = FÓRMULA INFALIBLE para criar hijos sanos, buenos, productivos y felices.

# MENSAJE FINAL

Hace unos días escuché a una antropóloga decir: "Biológicamente somos primates. Está en nuestro adn proteger a los niños, aun a los de otros seres humanos". Esta frase resonó profundamente en mi interior.

Cuando no hacemos nada ante el abuso de los niños, cuando cruzamos los brazos y pretendemos que no pasa nada o que no vemos lo que pasa, nos convertimos en cómplices. Actualmente, la atención al abuso infantil y a la violencia intrafamiliar han tomado un lugar preponderante en el mundo entero.

Prácticamente en cada ciudad y comunidad existen centros de protección a la familia y a la infancia que podemos encontrar fácilmente en nuestra localidad a través de internet o preguntando a profesionales de la salud.

Es mi deseo que con este libro haya aportado algo para que algunos niños tengan una vida mejor.

¡Gracias por "escucharme"!

Esta obra se terminó de imprimir
en el mes de abril de 2025,
en los talleres de Grafimex Impresores S.A. de C.V.,
Ciudad de México.